青春的那些事

上海人口和计划生育宣传教育中心　组编

上海交通大学出版社

【内容提要】

初中生阿远和萌萌分别以日记的形式，从男、女生的不同角度记录了成长中的一些小故事，为青春留下了一段美好记忆。处于青春期的你，一定也和他们一样，会经历类似的生理和心理变化，也会遭遇一些容易使你迷失方向的"禁区"。他们的日记，将带你一起感受青春的那些事。

图书在版编目（CIP）数据

青春的那些事/上海人口和计划生育宣传教育中心组编.--上海：上海交通大学出版社，2017
ISBN 978-7-313-16639-5

Ⅰ.①青… Ⅱ.①上… Ⅲ.①青春期-健康教育 Ⅳ.① G479

中国版本图书馆CIP数据核字（2017）第075058号

··

青春的那些事

编　　者：上海人口和计划生育宣传教育中心

出版发行：上海交通大学出版社		地　　址：上海市番禺路951号	
邮政编码：200030		电　　话：021-64071208	
出 版 人：郑益慧			
印　　制：上海艾登印刷有限公司		经　　销：全国新华书店	
开　　本：787mm×1092mm　1/32		印　　张：4.375	
字　　数：62千字			
版　　次：2017年5月第1版		印　　次：2017年5月第1次印刷	
书　　号：ISBN 978-7-313-16639-5/G			
定　　价：38.00元			

青春期是一座架在童年和青年之间的桥梁，如果缺少了青春期的陪伴，那么我们的人生将是不完整的。

青春，是时光刻下的记忆，虽然青涩，却永远让人觉得美好而感动。我们想把《青春的那些事》以日记的形式与大家共同分享，其中记录了生理的变化、心理的成熟、青春期容易误闯的"禁区"以及生活中的一些温暖、感人的小故事。

这些日记虽然算不上精彩，但我们日记的主人每完成一篇日记，就如同按下了一次照相机的快门，抓拍了一个值得回味的瞬间，相信同样处于青春期的你，会和他们产生不少共鸣。

成长的过程中有泪水也有欢笑，有汗水也有收获，有得意也有失意。但无论是快乐还是烦恼，都能使我们受益。我们只有脚踏实地、珍惜当下，才有可能用自己的双手撑起一片天地，一步步走向理想的彼岸。

让我们在美好的岁月里，一起拥抱蓝天白云，一起感受鸟语花香，一起吟唱青春之歌！

男生篇

第一篇 从孩子到男子汉的蜕变/5

第二篇 青春修炼进行时/25

第三篇 远离"危险禁区"/46

女生篇

男生篇

阿远

米胖

桐桐

文艺委员

爸爸

妈妈

阿远

苏令远，日记主人，长中学初中生，聪明、善良，学习成绩优良，但有点任性，喜欢足球、唱歌等。

米胖

米云东，阿远的男同学，体型肥胖，所以被大家昵称为"胖子"，不爱运动。

桐桐

黄思桐，阿远的男同学，性格内向，不善言辞，但特别喜欢数学。

文艺委员

蔡欢，阿远的女同学，班级的文艺委员，形象好气质佳，但叛逆心较重，不用心学习。

爸爸

为人随和，循循善诱，对阿远的学习和生活都很关心。

妈妈

打扮时尚，性格直爽，快人快语。

第一篇 从孩子到男子汉的蜕变

青春，如同一根连接昨天和明天的绳索，从无忧无虑的童年到独立生活的青年，我们逐渐长大，走向成熟，经历着从孩子到男子汉的蜕变过程。

身体上的各种变化也许会让我们感到不适应，但只有经历过这些变化我们才能长大成人，成为真正的男子汉。

这些变化来得十分突然，似乎是在电光石火之间一蹴而就，还来不及我们回味，蜕变早已完成。所以趁现在还记得，我要把它们及时记录下来。褪去了男孩的青涩和稚气，我们将变得更加强壮而勇敢！

不再是"非正式男人"

今天，是我的生日，爸爸妈妈和我一起在家庆祝。

突然，爸爸笑着对我说："阿远，你现在都上初二了，身体和心理各方面都应该越来越成熟了，要成为真正的男子汉了。"

"对啊，你不再是非正式男人了，过完生日又大了一岁，要更懂事了。"妈妈快人快语。

不再是非正式男人？我有点困惑，这究竟是什么意思？

也许是看到了我神情有点迷茫，爸爸就接着说："关键是你个头更高了，身体更强壮了，各方面都在逐步发育成熟，离'力拔山兮气盖世'的英雄越来越近啦！"

"好呀，我要成为真正的男人了，对吗？"我有点兴奋。

"是啊，那你知道你身体上的一些变化主要是由什么东西在起作用吗？"爸爸开始考我了。

我想了想说："知道，是雄性激素。以前上生理卫生课的时候老师讲过的，我有印象。雄性激素能促进男性器官及第二性征的出现。雄性激素还会有一些雄性化作用，比如说长痤疮、毛发增多什么的。"

"嗯，雄性激素会使你有一种想做英雄的冲动，崇拜顶天立地的男子汉，欲与天公试比高！"爸爸不失时机地鼓励我。

妈妈在旁边听得有些不耐烦："你们能不能别在我面前讨论什么男子汉啊英雄的，欺负这家里就我一个女的吗？还是快吃蛋糕吧。"一边说，一边赶紧打开蛋糕盒，插上了蜡烛……

脖子上有个结

日记关键词：喉结、甲状软骨

今天下课的时候，桐桐在喝水，突然身边的胖子大叫起来："啊！你脖子上有个东西！"

大家被他这么一叫，都跑到桐桐身边围观。桐桐发现大家都聚在身边，有些不好意思了："你们看什么呀，别大惊小怪的好不好？"

可是，看了半天，大家都没发现桐桐脖子上有什么东西，然后就说胖子造谣。胖子不服气，说："你们让他再喝口水试试，肯定有东西。"

大家出于好奇，就求着桐桐再喝水。桐桐迫于无奈，只能再喝了一口。这下我算是看清楚了，原来桐桐脖子里真的有一块突出的东西，不会是身体出了什么问题吧？

正在大家百思不得其解的时候，晓明很淡定地说："你们干嘛呢，一惊一乍的，这是喉结，我也有。"说完，指着自己的脖子给大家看。果然，他的这个结比桐桐的更明显。

他一说喉结，大家都明白了，原来这就是人们常说的喉结啊！以前听老师说过：喉结是男性青春期第二性征之一，它是喉部甲状软骨上的一个结构部位。随着喉结的出现，男孩子的声音一般都会变粗、变低沉。喉结对人体来说没有什么实际功能，只是突出男性的一种发育特征。

所以晓明说得没错，大家确实不必大惊小怪的，喉结的出现是一种正常的生理现象。弄明白了事情的真相，大家也就各自散开了。

变声记

日记关键词：变声、变声期

这几天，我心情都不大好，因为学校合唱队的老师上次训练结束后突然对我说："阿远，你现在进入了变声期，嗓子变化很大，不适合继续参加合唱了……"老师说话的时候态度很和蔼，可对我来说这些话无疑如利剑一般直刺心窝。就在上个月，我还是校合唱队的四大领唱之一，代表学校去参加了区少年宫举办的合唱比赛呢。

吃完晚饭，爸爸见我无精打采的样子，就问我发生了什么事，我便将退出合唱队的事情一五一十地告诉他。爸爸听完笑笑说："变声期是嗓音变化的关键时期，是从童声转变为成人声音的时期，是人人都要经历的正常生理过程，你完全没有必要这么绝望。虽然你的嗓子目前出现了问题，但你有演唱的功底，以后仍然可以学习唱歌的呀。"

我承认爸爸的话是有道理的，不过那种失落的情绪很难一下子消散，我还是没有真正打开心结。

爸爸见状，就继续开导我："变声是暂时的生理现象，半年到一年以后就能恢复正常。平时注意不要过度用嗓，不要大喊大叫，注意饮食调理，多喝水，不抽烟喝酒，生活有规律，注意劳逸结合，这样对嗓子会有好处，不容易发生病变。暂时不能唱歌，还有其他很多事情可以做的啊！"

　　没错，我只有以乐观的心态来接受这样一个有点残酷的事实才是上策！变声并不可怕，可怕的是不能走出低迷的情绪。

美梦后遗症

日记关键词：遗精、精液、精子、睾丸

今天早上我从梦中醒来，突然觉得内裤上湿湿的，摸上去是黏糊糊的感觉。记得上个月也有过一次类似的经历，而且也是在美梦之后发生的。难道是由于我有了不纯洁的想法才会如此吗？

我赶紧起床，拿着被弄脏的内裤去卫生间洗干净。谁知我正在清洗的时候，妈妈推门进来了，被她撞了个正着。妈妈问我那么早起来干什么，我由于心里紧张，所以支支吾吾回答不上来。妈妈低头看到了脸盆里的内裤，似乎明白了什么，笑着对我说："看来我儿子真的长大了！"

吃早饭的时候，爸爸对我说："听你妈说，你自己在洗内裤，是不是在清洗美梦之后的痕迹呀？"

我点点头，觉得爸爸的这种说法很美好，愿意听他说下去。

果然不出所料，爸爸开始给我上课了："你这是遗精，相信你们老师一定也和你们介绍过的。遗精就是在梦里排出精液，男孩子青春期的时候就会开始出现这种现象。由于生殖器官逐渐成熟，睾丸产生的精子越来越多。当达到饱和状态时，就会通过遗精的方式排出体外，一般都发生在睡梦中，所以也叫'梦遗'或'梦精'。我年轻的时候没人告诉我，还以为是生病了，担心了很长一段时间呢。所以，你不用不好意思，这是正常现象。平时不要穿过于紧身的内裤，注意生殖器卫生，问题就不大。如果天天来，次数太频繁，就要去医院检查一下了。"

"没有没有，我一个月就来一次，上个月来过一次，这是第二次。"我赶紧解释道。也不知道为什么，还是有点心虚。爸爸妈妈看到我紧张兮兮的样子，相视一笑，这个话题就此告一段落，大家继续吃早饭。

隐藏起来的A片

日记关键词：性幻想、性冲动

　　放暑假至今已经一个多星期了，一旦不用上学，我就觉得整个人的精神开始松弛下来，经常胡思乱想，有时候还会突然想到一些比较敏感的画面，比如说和心中的"女神"拥抱、接吻，甚至会因为想象出来的这些画面而感到非常兴奋。

　　我为自己这些不健康的想法而感到内疚，可是又控制不住自己，这究竟是怎么了？该怎么办呢？于是我打电话向我的好朋友胖子诉苦。

　　胖子听我说完，很淡定地说："没事，性幻想！鉴定完毕！也许你有时候也会有性冲动吧！我上网传点片子给你看看就好了。"

　　"什么片子？"我大惑不解。

　　"你只管收就是了。"胖子还是一副很老成的样子。

　　收完文件，打开一看，天啊！吓死宝宝了！胖子传给我的居然是A片！我看了两个镜头，马上关掉，然后把文件夹隐藏起来，生怕有人开我电脑时被看到。

　　这个胖子！这不是在进一步刺激我的性幻想能力吗？本来我也没什么事，就是想和他诉说一下自己的痛苦，和他一起做点别的事情转移一下可能就好了，谁知他居然让我看A片！真没想到他也会如此"堕落"！

那些A片我既害怕看，又舍不得删，只能暂时把他们隐藏起来。真的好痛苦！直到现在，我还是无法决定到底该怎么办。看来，我们在走向成熟的道路上确实是要经历各种烦恼啊！

来自青春的困扰

日记关键词：青春痘、痤疮、皮脂囊肿

又要去医院了。最近，我天天都上医院去报到，因为背上长了个皮脂囊肿，发炎了，要引流、换药。幸好现在放寒假，如果是平时上课期间，那就更麻烦了。

其实，这个皮脂囊肿说白了就是一个放大版的、位置更深的青春痘，它比我脸上长出来的那些痘痘严重多了，不仅有疼痛感，而且里面充满了血液和脓液的混合物，还会散发出一种难闻的异味，使我痛苦不堪。平时脸上长痘就经常被同学们嘲笑，要是他们知道我背上还长了个囊肿，岂不是要笑掉牙了？我又一次暗自庆幸病发于假期。

给我换药的护士阿姨都很好，她们经常提醒我平时要多注意那些痤疮，别不当回事，要注意清洁卫生，勤洗澡，饮食也要注意清淡，少吃刺激性的食物，多吃水果、蔬菜，多喝水；青春痘复发率比较高，如果发现自己身上痘痘比较多，就该及时治疗，任由它们发展下去的话，很有可能又会形成脓包或囊肿。

唉，我是无论如何也没想到一个小小的青春痘竟然会变成一个位置那么深的囊肿，还让我连续换了一个多星期的药，到现在也没彻底见好。以后一定要时刻留心了，难怪人家都说要"战痘"，果然这痘痘也不是好对付的呀！

突变"朦胧派"

日记关键词：近视、保护视力

　　最近一段时间，我总是看不清黑板和投影上的字，突然变成了"朦胧派"，昨天去医院眼科检查了一下，才发现原来自己已经有了150度的近视。这下可惨了，因为我最讨厌戴眼镜了，不仅行动不方便，而且还会被扣上"小四眼"的帽子；另外，我从小就接受了奶奶那句"戴眼镜的人都有点心术不正"的"名言"，生怕自己也会给人留下人品不好的印象。

　　可是现在已经得了近视，我该怎么办呢？该怎么保护自己的视力？视力还能恢复到从前吗？陪我一起去看眼睛的爸爸带着这些问题向医生咨询了一下。

　　医生说我现在刚发现近视，而且度数并不深，其实可以不急着佩戴眼镜。但为了看清黑板上的字，我们还是选择了配镜。医生建议：平时要少玩手机和平板电脑，因为这些电子产品比起传统的电视、电脑等杀伤力更大，容易导致眼睛疲劳；少吃烧烤和甜食，因为这些食物有可能诱发近视；最重要的是应该保持良好的读书、写字姿势，注意用眼卫生，睡觉、走路时不要看书，看电视、电脑时不要离屏幕太近；除了这些，定期上医院检查也是必须的。

听了医生这番话，我有点明白自己近视的原因了，估计是玩手机和平板电脑的时间太长了，一直盯着屏幕看，损伤了视力。真是悔不当初啊！亡羊补牢总比不补好，看来现在就要及时纠正用眼习惯，不能让近视进一步加深了。

我有一件伤心事

今天是男性健康日。以前从来都不知道有这么一个属于男同胞的节日，我是在听班主任老师向我们介绍了以后才得知的。同时，老师还对我们说，下午有一家市级科普基地来我们学校做关于男性生殖健康方面的科普宣传，会请来几位专家，如果我们有什么问题，可以现场向专家咨询。

哦，我最近确实有一件伤心事，那就是我的"小弟弟"的头经常会露不出来，龟头成了"缩头乌龟" ，藏在里面不肯出来，真不知道究竟怎么回事，也不知道究竟该怎么办。

我带着问题，忐忑地来到一位专家面前。等我战战兢兢地把自己的问题说完，专家貌似已经成竹在胸了。他说我这是包皮过长，包皮完全覆盖在龟头上，使阴茎头不能显露出来，就形成了包皮包茎。如包皮过长或包茎，会使包皮内的分泌物不能排除，从而在包皮垢上滋生细菌，引起包皮和阴茎头发炎，严重者甚至会出现阴茎头坏死，诱发阴茎癌。

专家建议我尽快去医院，如果青春期不及时治疗，阴茎头会长期被包皮锁紧，致使阴茎发育不良，并在成年后影响性生活。

听完专家一席话，我感觉自己浑身冒汗，没想到问题还挺严重，不去医院是不行了，专家大概看到我神情有点不安，就安慰我说不必太紧张，如果问题不是很严重的话，不一定要动手术的；另外，平时一定要经常清洗包皮，注意个人卫生。

听完专家的支招，我稍稍心定了一些，但一想到要去医院，还是有点害怕……

爸爸给我的秘密留言

日记关键词：生殖器官、生殖保健

最近，我总觉得自己可能得了某种怪病，下面总是湿漉漉、黏糊糊的，刚换上没多久的内裤，就会变得潮潮的，感觉很难受。可是，我真的对这方面一窍不通，不知道该怎么办，又不敢轻易告诉爸爸妈妈，只能自己忍着。

今天早上，爸爸见我郁郁寡欢的样子，就主动问我有什么心事，我就把自己的烦心事告诉了他。爸爸也没有多说什么，就去上班了。我吃完早饭，也就去了学校。

晚上回家吃完晚饭，我照例进自己房间去做作业，却发现书桌上有一封信，信封上没有落款，只写了"阿远收"的字样。我随手打开一看，原来是爸爸给我的一封信，上面抄录了一些关于生殖器官保健的要点，并要我一定牢记。

第一，要养成清洗外阴和勤洗澡的习惯。在清洗阴茎时，要注意将包皮翻过来认真洗干净，清洗下身的时候不要用力过度，以免撕破皮肤黏膜，导致病菌侵入。第二，经常更换内裤。要选择透气性好的棉质内裤，而且款式要合身，不要过紧，保持阴部的干燥和通风。第三，清洗下身要用专用毛巾，不要和他人共用一条毛巾。

最后，爸爸还特地用红笔写了一句：为了自己的身体健康，一定要养成正确护理隐秘部位的习惯，并且要坚持下去，让自己更加健康地生活和成长！

　　爸爸一定是考虑到和我当面谈这个话题我会有些不好意思，所以采用了写信的形式，而且他都是用正楷抄写的，特别用心，让我十分感动。从这封信中，我不仅能了解到关于生殖器官的保健常识，更能感受到爸爸对我的拳拳爱意，瞬间觉得好温暖！

不敢张嘴笑

日记关键词：龋齿、口腔卫生、饮食习惯、全国爱牙日

以前常听大人们说"牙疼不是病，疼起来真要命"，这两天我算是明白了这话果然是"真理"。最近牙齿没完没了地疼，害得我晚上都睡不好觉。今天，我实在受不了了，下午上完课自己就来到医院做检查，医生说我是长了蛀牙，也就是有了龋齿。天啊，我着实受到了惊吓，我怎么会长蛀牙呢？叫我今后还怎么见人呢？难道我永远不能再张嘴大笑了吗？

医生建议我补牙，并给了我一些预防龋齿的建议，还说我现在只有一个蛀牙，为了预防今后再次产生龋齿，一定要照他说的做，比如：要保持口腔清洁，早晚各刷牙一次，饭后漱口；养成合理的饮食习惯，平时可以多吃一些粗粮，以起到对牙面的摩擦和洁净作用，并注意控制甜食的摄入；定期去医院检查牙齿，做到早预防、早发现和早治疗……

我感觉那个牙医的口才相当了得，给我提了将近半小时的建议，说了好多好多，以至于我现在回想起来都觉得自己记得不全面，只记住了最重要的几点。

对了，医生还特别提醒我，明天就是一年一度的全国爱牙日了，让我一定要记得保护好自己的牙齿，千万不要任性。我向医生表示感谢，并对他说，我会去学校建议同学们也要注意爱护牙齿，然后和他约定下次来补牙的时间。

　　希望我在成功补完牙后再也不会长出蛀牙，从此又能张嘴大笑。哈哈哈，先在这里大笑三声，提前庆祝一下吧！

第二篇 青春修炼进行时

在青春的列车上，沿途会遇到不同的风景，有令人神往的美丽，也有不堪入目的荒凉，这就如同人生的跌宕起伏，总是需要我们面对。在遭遇不如意的时候，我们可能会显得手足无措，但这就是成长，我们总要在各种矛盾和烦恼中逐渐成熟起来。

青春，需要修炼。梦想，需要我们通过努力，将它变为现实。心理上的各种困惑与纠结，需要经过时间的磨砺，才能逐步化解。美梦成真，必须经历重重的挑战与艰辛。

迎着阳光，满怀希望，让自己畅快奔跑。即使面对重重阻碍，也不放弃最初的目标。经受了心灵上的各种考验，我想我才能真正长大成才。

一次心理测试

日记关键词：心理健康的标准

今天，一家市科普教育基地来到学校进行科普宣传，主题是关于青少年心理健康的。老师的讲解深入浅出，引人入胜，最后还让我们做了一次心理测试，看看我们的心理是不是足够健康。

我平时最喜欢做心理测试了，所以很快就做完了，急于知道测试结果。可是老师说由于时间关系，今天就不公布答案了，要想知道自己的测试结果是否符合健康标准，可以关注科普基地的微信，过两天他们会在微信平台上公布。我听他这么一说，就马上关注了微信，发现原来上面有很多实用的科普常识，很对我胃口，这真是意外的收获啊。

虽然不能马上得知自己的测试结果，但最后老师还是给我们提供了世界卫生组织(WHO)规定的心理健康的七条标准，让我们牢记心理健康的要点。嗯，这就是那七条标准：

1.智力正常；

2.善于协调和控制情绪；

3.具有较强的意志和品质；

4.人际关系和谐；

5.能动地适应并改善现实环境；

6.保持人格的完整和健康；

7.心理行为符合年龄特征。

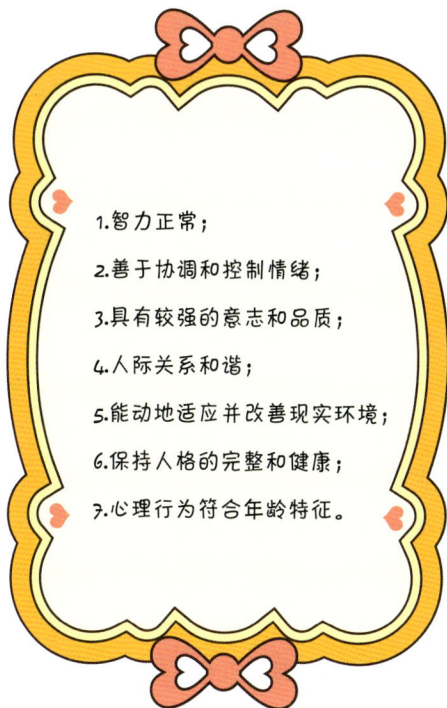

　　我对照了一下，好像自己第二、第三条做得还不够，有时候不大能控制情绪，意志品质也不够坚强，看来今后要在这方面继续修炼了。

　　但我相信，自己从来都是一个讨人喜欢的阳光男孩，过去是，现在也是。至于将来，我就不再是男孩了，但依然会保持心理的健康、阳光、乐观、向上。

到底该"拼"什么

日记关键词：虚荣心、人生观、价值观

最近，胖子好像总是不大开心，跟他说话也总是爱理不理、无精打采的。今天中午，我忍不住问了他原因，在我的软磨硬泡之下，他终于说出了自己的心事。

原来，他看上了最新款的苹果手机，🍎 可是他爸妈不肯给他买，说是太贵了，而且担心会影响学习。他吵了闹了都不管用，所以内心十分郁闷。

尽管我也有过和他同样的想法，但为了让他尽快走出阴暗的情绪，我只能设法开导他，对他说要那么贵的手机其实也没什么意思，这就好像用普通的包和大牌的包是一个道理，其实在功能上差别不大，买苹果手机最终也只能满足我们那么一点点可悲的虚荣心。

他一开始觉得我是道貌岸然假正经，吃不到葡萄就说葡萄酸。但后来我动之以情晓之以理，劝他说父母赚钱也不容易，我们干嘛一定要那么任性，而且手机很快就会更新换代，买了这个还会想买更新的，他终于略微受到了一些"感动"，恢复了往日的"正常"状态，不再郁郁寡欢。

其实，一开始我的觉悟也真的没有这么高，但在劝说他的过程中，似乎我也被自己说动了，想想确实不该为了满足自己的虚荣心而要求父母给我们买很贵的电子产品或其他什么名牌的东西，尽管现在社会上有不少人"重物质、轻内涵"，但我们作为还没踏入社会的中学生，如果从小就养成了这种喜欢攀比的习气，将来可怎么办呢？老师经常教育我们要树立正确的人生观和价值观，难道我们真的可以一只耳朵进一只耳朵出吗？

人确实是处在与他人比较的环境中的，但我们到底应该"拼"什么呢？拼爹拼妈？拼有多少名牌的衣服、首饰或者数码产品？还是拼物质还是拼人品修养和学习能力呢？我想答案不言自明，但任何事情都是说易行难，最终还是需要我们自己把握好方向。

踢开"绊脚石"

日记关键词：自卑、自信、正确认识自己

　　桐桐性格比较内向，平时沉默寡言，不大主动和同学、老师进行交流，看到女生更是害羞得很，都不敢正眼看她们。

　　最近，他似乎话越来越少了，脸上也总不见笑容，给人一种畏畏缩缩、十分自卑的感觉。班主任老师私底下让我们班委的几个同学主动关心他一些，平时多和他进行交流，让他不要和大家走得太远。我见他总是闷闷不乐的样子，也早想开导他了，只是一直没有行动而已。既然老师都这么说了，我就鼓起勇气，试着和桐桐谈谈吧。

　　今天吃完午饭，我主动约桐桐一起去操场上看足球队的同学踢球，因为我记得他是很喜欢足球的，果然他也没有拒绝我，和我一起来到操场上。看了一会儿球，我就和他聊天，想到什么说什么，在和我相处的过程中，他似乎也逐渐放松下来，话也比平时多了，还说他自己平时确实很自卑，总觉得自己比不上别人，其他同学总能在各类比赛中获奖，可他自己呢，口才又不好，又没一技之长，成绩也不够突出，反正各方面都不如人，所以总是不大合群。

我真没想到他会对我如此坦诚，瞬间对他产生了好感，然后就不断鼓励他。我说其实他最让我羡慕的地方就是数学成绩很棒，每次考试都是名列前茅，上次老师还夸他逻辑思维能力强呢。另外，桐桐平时虽然不声不响，但处事比较冷静，交给他的任务总能顺利完成，从没见他手忙脚乱的样子。这说明他内心还是很强大，办事能力也很强。

　　和我交谈了一会儿，桐桐变得开朗多了，还说和我在一起很开心。我也真心愿意和他继续交往，成为好朋友。回教室后，我们就互相加了微信，方便经常联系。

　　我想，只要我们都能正确认识自己，不盲目和他人攀比，发现自身的优点，就一定能走出自卑的心理阴影，踢开成长道路上的这块"绊脚石"，成就属于自己的精彩。

离家出走，真的好吗？

日记关键词：离家出走、叛逆

今天晨会课老师有事没来，结果班里就炸开了锅，起因是我们的文艺委员欢欢在同学中间大肆宣扬她表哥离家出走的事。

欢欢说她表哥是前天晚上离家出走的，还给家里留了个条，说再也不回来了，手机也关了，急得他家里人团团转，只能分头去找。她说得绘声绘色，觉得她表哥很酷，有勇气离家出走，还说自己很羡慕他，曾经也想过离家出走，因为感觉自己和父母有时候真心没法沟通，十分痛苦。

经欢欢这么一鼓吹，班里很多同学也都来劲了，他们都说其实自己也很想离家出走，因为家长实在太唠叨了，而且没完没了，有时候真的感觉要崩溃了。可是，我却不能认同他们的想法。

青少年离家出走的原因其实有很多，有些可能是由于家庭暴力，但有些可能只是我们觉得父母太烦，想要挣脱束缚自己的环境寻求独立、自由，还有可能就是学习成绩不理想，和同学也不能和睦相处，希望离开令自己感觉压抑的环境。

但无论哪种原因，我觉得离家出走总不是好办法，因为这并不能解决问题，而只是在逃避现实。毕竟我们目前还没有独立生活的能力，更缺乏经济来源，又怎么能在社会上生存呢？如果为了生存而走上歧途，岂不是要抱憾终生？

所以，我想同学们还是不要过于冲动，应该冷静下来，思考一下究竟是什么原因才导致自己想离家出走的，离家出走以后会遭遇哪些困难，自己真的准备好了吗？有足够的能力去解决这些困难吗？离家出走，真的好吗？

比窦娥还冤

日记关键词：误解、沟通

今天遇到一件糟心的事，我被人误解了。其实，事情也不是很大，只是因为一把椅子。

下午上体育课，刚跑完一千米，大家都很累，下课后赶紧回教室休息。大部分同学都已经回到了教室，这时只见胖子气喘吁吁地进来，一屁股坐到位子上，谁知这椅子有条腿是坏的，害他摔了一跤，只听他一声大吼："谁干的？！"大家觉得好笑，又不敢笑出声来，都憋着。可是不知道为什么，周围的同学都把目光投向了我！但事实上，真的不是我干的。

胖子又窘又怒，见他们都看我，就真的以为是我在恶作剧，愤怒地白了我两眼，就再也没有和我说话。我本来想好好和他解释，可是他一看到我就没有好脸色，并不搭理我，我也没有勇气再接近他了，因为我从没见过他脸色这么难看。唉，我真是比窦娥还冤啊！

放学回家后，我还是心神不宁，一方面觉得自己被人冤枉了，心里很难受；另一方面又觉得胖子也太武断了，凭什么就认定是我干的，还不给我解释的机会，也太不近情理了。我把这件事告诉爸爸，爸爸安慰了我，然后还建议我明天去学校主动和胖子解释清楚，不要觉得这样会"掉身价"、没面子，而应该更主动、真诚、耐心地和胖子进行沟通，否则误解会越来越深，对大家都没好处。

爸爸说得没错，我明天还是应该拿出诚意，想办法与胖子沟通，解除误会。加油，勇敢一点！

不能得"懒癌"

日记关键词：勤劳、劳动光荣

又是周末，难得想多睡一会儿，谁知妈妈又在那里唠叨，让我赶紧起床，帮忙一起干家务。我一听家务，就一个脑袋两个大。不让我睡觉也就算了，还要干活，生活不用这么悲剧吧？！

我假装没听见，不理她，谁知她就不停地叫唤我，吵得我没法睡，只能起来。起来后，我对妈妈说，家里已经很干净了，还要干什么家务呀！妈妈说没事就把自己的脏衣服和脏袜子洗了。我说直接扔洗衣机里去洗不就完了，干嘛小题大做的。妈妈看我那么不耐烦的样子，终于忍不住生气了，就说我是得了什么"懒癌"，还说天天吃了就睡，什么活都不干，像什么样子，懒得都快出虫了。

我也说不过她，就想找爸爸来做帮手。谁知爸爸这回却一心向着妈妈，说什么惰性每个人都有，如果任其发展下去，就很有可能真的患上所谓的"懒癌"，一动也不想动，越来越懒；更何况劳动最光荣，这是前辈给我们留下的优良传统。呃，原来爸爸比妈妈更厉害，还进一步上升到了理论层面。好吧，这些脏衣服和脏袜子到头来还是归我了。虽然我极不情愿干活，但也无力反抗。少数服从多数，认了吧！

不过现在回想一下早上的劳动，感觉还挺有收获的，至少我做了一件力所能及的家务活，并在劳动之后感到身心有所放松，不像平时上学的时候那样，感觉生活过于单调无味。

板报纷争

日记关键词：尊重、道德修养

今天下午，班里两名出黑板报的同学——小杰和晨晨发生了矛盾，原因是晨晨觉得小杰自说自话把他画的图擦去重画，也没和自己打过招呼，根本就不懂得尊重他。但小杰却认为自己是宣传委员，有权利对黑板报进行改动，不用经过谁的同意。

两人正在闹得不可开交时，早有值班的同学去告诉了班主任老师。老师进来问清楚了原因，直接判定小杰的做法不够妥当。

小杰有点委屈，一开始并不服气，无论如何都不愿意向晨晨道歉。老师见他不肯低头，就开始语重心长地开导他："大家都是在为班级出力，虽然你身为宣传委员，却不能独断专行，不能不打招呼就把晨晨辛辛苦苦画好的图擦掉，如果你觉得不合适，可以和他进行沟通，然后共同改进。要是换了你画的图被人随手擦了，也不和你打招呼，你会怎么想？尊重别人也是尊重自己，这就好像我们照镜子，你对镜子里的人笑，他也对你笑，你对他发怒，他也就对你发怒。尊重是相互的，你不能觉得自己是宣传委员就比其他出黑板报的同学高出一等！只有懂得尊重身边的每一个人，你也才能得到他人的尊重。"

经老师这么一说，小杰终于认识到了自己的错误，并向晨晨道歉："对不起，其实我只是觉得这张图放在这里好像和主题并不太协调，换一张图会更好一些。正好你又不在，我就自己动手把它改了。"晨晨也很大度，马上与小杰握手言和。

老师的一番话我也听进去了，对照自己平时的行为，我发现自己在尊重他人这方面做得也还不够，可能是性格比较强势，所以不大会考虑别人心里的感受，今后要多加注意了。学会尊重他人，也是我们加强自我道德修养的一个重要方面。

谁是我的好朋友

日记关键词：友谊、择友、孤独

这几天，我一直在思考这样一个问题：究竟谁才是我的好朋友？因为最近发生了一些事情，让我对"朋友"或者"友谊"产生了一些疑惑。

有时候和朋友们在一起，会觉得怎么都说不到一起去，我说东，他们就说西；有时和朋友们在一起玩，有的人说话太直白，比如说看到我有个纽扣没扣或拉链没拉什么的，就会当场嚷嚷出来，还当着很多女生的面，让我感觉很丢人；还有的时候，老师让我参加什么比赛或是负责主持什么活动，就有朋友会觉得我爱出风头，不免对我冷嘲热讽……凡此种种，都让我感到有些不知所措，我有点分不清他们到底是不是我的朋友了。

放学回家，我一边看着电视新闻，一边想着心事，在沙发上迷迷糊糊地睡了一会儿，等我醒来，电视里已经在放一个青春剧了，至于叫什么名字，我也不知道。

当时正好看到里面的中学生也在讨论关于友谊的话题。他们在交友的过程中遇到了一些问题，好像和我的处境还挺相似的。他们的老师听了他们所说的问题，就开导他们：不要过于极端，在以品德为先的前提下，尽可能多地和各种不同性格的同学交朋友，以求得自己在各方面的进步；另外也不能要求朋友是十全十美的，因为世界上并不存在没有缺点的人，也不可能所有的人都能符合我们的理想；择友要慎重，不能不加选择地泛泛而交，但当我们认定对方是自己的朋友以后，就一定要懂得珍惜，彼此之间要相互信任，不要为一些鸡毛蒜皮的小事闹矛盾。

这真是无心插柳柳成荫，没想到不经意间的一集电视剧，瞬间就解除了我的烦恼，看来看电视也不是全无好处，还是会有一定收获的嘛！可见，任何事都不能过于绝对。

6月2日 多云

我们有个共同的"家"

日记关键词：集体、交往、合作

今天，我们开了一次班会，主题是"我们有个共同的'家'"，主要是想激发同学们融入集体的热情，加强与他人合作的能力。

通过发言和讨论，同学们基本达成了共识：处在青春期的我们在人际交往这一方面也是必不可少的，我们应该积极投入集体生活，参与集体活动，不搞独立，要从青春的孤独中走出来，汲取集体的丰富营养，不断完善自我，并在集体活动中增强与同学合作的能力。

在这次讨论中，有些性格比较内向的同学也发表了自己的观点，提出了自己的问题。他们说，其实自己也想很好地融入集体，但总是觉得自己的想法很难和同学们取得一致，于是干脆就少和他人来往了。

老师及时纠正了大家偏颇的想法，希望我们能够发挥积极性，主动付出，与身边的同学融洽相处。毕竟，我们生活中的大部分时间必须与他人共处，而班级这个集体就好像我们几十位同学和老师共有的一个"家"，我们应该学会在集体中与他人相处、合作。

讨论之后，我们还进行了一次分组做灯笼的比赛，大家在比赛中干得热火朝天、不亦乐乎，感觉彼此之间的沟通也比平时更顺畅了。

　　两节课的时间很快过去了，看到活动照片上大家洋溢着的欢快笑容，我瞬间感到心里美美的。是呀，我们正在班级这个"家"中不断长大！

不越雷池

日记关键词：早恋、异性交往

胖子最近总是显得心不在焉，做什么事都无精打采的，除非……身边有女生。

昨天中午，我们几个男同学一起相约去打篮球，胖子虽然和我们一起去了，但总是懒懒的，打球时失误也是不断出现，我们说他骂他，他也毫不在意，依然我行我素。不过，打了十几分钟后，也不知怎么回事，他仿佛如梦初醒，突然就来了精神，不再像之前那么慵懒，而是积极地上前逼抢，在大家还没回过神来的时候，他已经进了一个球。

一开始，我也和大家一样，没搞明白究竟是怎么回事，直到他进球后，听到场边一群女生的欢呼声，我才反应过来，原来是胖子想在女孩子面前好好露一手。俗话说"异性相吸""男女搭配，干活不累"，看来此言不虚。果然老师也没说错，男女之间彼此爱慕、互相吸引，是我们这群处于青春期的孩子在性心理发展过程中必然要经历的啊！

话虽如此，但我总觉得异性之间交往还是要把握好一定的"度"。毕竟我们还太小，不适合早恋，还是以做好朋友为主，以尊重为前提，否则对大家都没有什么好处。异性交往能激发我们学习和生活的积极性，相互激励，取长补短，实现共同提高，但如果跨越了"雷池"，后果可能就不堪设想了。

第三篇 远离"危险禁区"

生活中，总是充满了各种诱惑，对我们青少年学生而言，一些不健康的生活方式将成为引导我们走向歧途的危险因素。

我们是否了解这些"禁区"对健康的危害？能否坚守底线、不为所动？能否真正做到对自己和他人负责？无疑，这将是一次巨大的考验。

青春有太多的激情，也有太多的迷惘，但愿我们在成长的道路上不会迷失方向，怀揣梦想，继续前行。

美好的青春，不该遭受那些不健康事物的"荼毒"！

神奇的电子烟

日记关键词：吸烟、电子烟、尼古丁

今天放学的时候，胖子偷偷把我拖到校园的一个角落，说是要给我看一件神奇的东西。

他打开书包，拿出一只盒子，然后从里面抽出一根东西递给我。我一看，这不是香烟吗？可是摸上去的手感却和普通的烟完全不同。我责怪胖子干嘛拿个玩具香烟来忽悠我，胖子就说我没文化，今天就是特地让我来"涨姿势"的。

胖子说这叫电子烟，是一种模仿卷烟的电子产品，有着与卷烟一样的外观、烟雾、味道和感觉。它是通过雾化等手段，将尼古丁等变成蒸汽后，让用户吸食的一种产品，还可以做成不同的口味，比如巧克力味、薄荷味、水果味，等等。他说这是他表哥从国外给他带回来的，还说这比普通的香烟健康，不会危害身体。

我将信将疑，拿出手机"百度"了一下，结果发现胖子说的并不都对。很多专业网站都告诉我们：世界卫生组织专门对电子烟进行了研究，并得出了明确的结论，电子烟有害公共健康，它更不是戒烟手段，必须对其加强管制，杜绝对青少年和非吸烟者产生危害。一直以来，商家都以电子烟不含焦油、悬浮微粒等有害成分为卖点大肆推广，甚至在产品介绍中，打着"戒烟神器""清肺"等旗号。但实验表明，人们在使用电子烟时，除尼古丁以外，还可能把其他多种未发现的有毒化合物吸入体内。与此同时，电子烟所产生的二手烟，同样可能危及健康。

我把搜索到的结果给胖子看，胖子一下子目瞪口呆。

他说自己其实就是好奇，想抽一下试试，没想到原来电子烟也并不健康。我劝胖子还是把电子烟扔了，免得抽上瘾了后患无穷。

借酒才能壮胆？

日记关键词：饮酒的危害、健康生活方式

下午我找桐桐借一本参考书，可是刚一靠近他，我就闻到了他身上有一股酒精味，因为我一向对酒精比较敏感。我悄悄问他："你喝酒了？"

桐桐一改往日罕言寡语的样子，很兴奋地说："是啊，中午我和以前小学的同学一起去外面吃饭，喝了几杯啤酒。"

实在没想到，平时看起来老实、听话的桐桐也好这一口。我有点难以接受，就继续问他："你怎么也会喝酒啊？"

"不瞒你说，我觉得一喝酒就能让我全身放松，人也变得精神多了。你也知道，我这个人平时比较胆小，也不爱说话，可是只要一喝酒，我就好像完全变了一个人，胆子大了，话也多了，看来喝酒果然能壮胆啊！"

表面上看，他这一套说法似乎还挺有道理，因为他这时的确与平时判若两人，完全是一副很放松、自在的样子。

可是，我们都知道，喝酒对健康的危害不可小觑。据我所知，喝酒会导致高血压、动脉粥样硬化、心肌梗死、脑出血等疾病，对胃、肝脏等器官也有危害，如果无节制地饮酒，还会导致急性酒精中毒。一旦喝醉，还有可能借酒闹事，扰乱社会秩序。所以，面对各种各样的好酒，我们还是要懂得自我控制。养成健康的生活方式很重要，这也是近年来各类媒体一直在宣传的。

至于喝酒是否能壮胆，我想恐怕还是心理作用的因素居多，所以我还是要想办法劝桐桐放弃喝酒，不要喝上瘾了。

见钱眼开

日记关键词：赌博、健康的兴趣爱好

　　我就读的是一所寄宿制学校，有一部分离家较远的同学是住校的。平时上完晚自习，住宿的同学就会回到寝室开展一些娱乐活动，但最近他们的活动似乎令人有点难以接受，因为他们陷入了一种"见钱眼开"的状态。

　　一开始，他们只是在一起打牌，缓解一下学习的压力，可是到后来也不知怎么回事，他们开始赌钱了，虽然金额进出不大，但毕竟这种行为危害很大，影响也很不好，而且最近他们越玩越来劲，中午还在教室里开起了"赌场"。不过，纸总是包不住火的，今天班主任老师终于发现了他们这种赌博行为，并严厉地批评了他们。

　　他们号称自己只是想放松一下，赌钱也只不过是为了寻求刺激，如果运气好，能赚点零花钱也不错。老师斥责了他们这些错误的想法，说他们这完全是一种低级趣味的娱乐活动，应该马上停止。赌博赚来的钱并不是真正的劳动所得，不能指望依靠赌博来获取更多的"经济利益"。课余时间，大家应该多参加一些有利于身心健康的兴趣活动，这不仅有助于身心放松，更能陶冶情操、提高修养。

如果有人来找我们赌钱，也要坚决说"不"，彻底远离这种恶习。

老师最后告诉那几个参与赌博的同学，如果以后再被发现，就要上报学校政教处，给予处分。那几个同学都耷拉下了脑袋，决定回家去写保证书，保证以后再不参与赌博了。

咬牙收心·还不迟

日记关键词：网络游戏、娱乐方式、成就感

　　我一直都很喜欢上网，特别爱打网络游戏，**Game** 放暑假在家玩得欲罢不能。如今马上就要开学了，可是还有一大堆暑假作业没完成，眼看就要交不了差了。我心里虽然很急，但就是控制不住自己玩游戏的热情，完全没有心思去做作业，只有在打游戏的过程中，我才能感受到快乐，看到游戏里的一个个关卡都被打通，内心充满了成就感。

　　今天，爸爸似乎有点看不下去了，问我暑假作业完成了没有。我支支吾吾的，生怕说没完成的话，就会被剥夺玩游戏的权利。但爸爸早就看穿了我的心思，态度十分严厉地说要找我谈谈，并亲手关掉了我的电脑。

　　对于爸爸教育我的那些话，其实我都懂。什么网络游戏容易使人沉迷，深陷其中有百害而无一利啊，什么网络游戏只能给人带来暂时的快乐，只是一种可有可无的娱乐方式啊，什么网络游戏会破坏生活的规律，影响学习啊……这些大道理我已经听过无数遍了，可就是控制不住自己，一想到游戏就会兴奋不已、跃跃欲试。

　　我把自己的痛苦告诉了爸爸，爸爸就开始为我制定逐步远离"网游"的计划：第一，逐渐减少上网时间，从原来每天四小时减少到两小时，然后再减少到一小时；第二，在自己想玩游戏的时候约束自己，去做一些其他事情，转移注意力；第三，花时间培养自己其他方面的兴趣爱好，比如参加一些有益的兴趣班，等等。当然，现在的当务之急就是要尽快完成暑期作业，以免开学时交不出来。

好吧，咬牙收心还不迟啊！

出口成"脏"添烦恼

日记关键词：粗话脏话、语言文明、道德修养

小龙是我们班上一个活泼好动的男孩，可是他老爱说一些粗话脏话，像"贱人""蠢货"之类骂人的话几乎成了他的口头禅。所以，班上的同学都不愿搭理他，生怕被他"骂"，于是，他就成了"孤家寡人"，脾气也越来越差。

曾经，有同学给他提过意见，让他以后不要再说粗话脏话了，否则大家都不喜欢他，可是他总是虚心接受，却屡教不改，还说自己总是管不住嘴，粗话脏话不知怎么就自然冒了出来，其实并没有恶意，只是养成了习惯而已。

面对小龙的说辞，我们都很无奈，只能劝他平时多注意自己的语言。因为一个人的语言会反映他的道德修养，"语言美"是衡量"心灵美"的一个重要标尺，语言文明的人才能受到他人的尊重和赞美，而语言粗俗的人只会让人觉得他素质低下，更不愿与他"同流合污"。

小龙的例子使我深刻意识到了语言文明的重要性，如果我们大家都像小龙那样出口成"脏"，不懂得约束自己的言谈，那么就不知又会增添多少烦恼。正所谓"祸从口出"，一旦让粗话脏话成为自己的口头禅，祸端可能就真的会不期而至。

所以，我们无论是在家中还是在学校，或者其他公共场所，一定要提醒自己注意语言文明，不讲粗话脏话，做一个温文尔雅的小绅士。

鸭梨？冻梨？

日记关键词：学习压力、竞争、心理健康

学期即将结束，马上又要考试了。可是我最近每天都昏昏沉沉的，不知道在干什么，书也看不进去，更不想做作业、复习，只要一看到课本、一拿起笔，就感到非常痛苦。我真的对学习厌烦了，根本学不进去，而且只要一想到考试，就觉得"鸭梨山大"（山大），连想死的心都有了。

班主任老师大概发现了我最近对学习不大上心，就主动找我谈话了。她拿出一张图片，上面画着这样的情景：有人把一只鸭梨放进冰箱，然后这只鸭梨就变成了一只冻梨。这张图以前我在网上看到过，觉得寓意不错。没想到老师年纪那么大了，也会知道这样一张来源于网络的图片。

我知道老师看出了我由于压力太大而厌烦学习的心思，不好意思地低下了头。老师开导我说："你呀，不要过于追求完美了。你在班级里成绩名列前茅，没有必要一碰到考试就感到压力巨大，放松心态，一定能考出好成绩的。平时也要注意劳逸结合，不要一直生怕少看了书，该休息的时候就出去玩玩，否则也会影响学习效率的。你现在这样没心思学习，完全是方法不当而导致的。马上要考试了，一定要保持健康的心态，才能考出好成绩。你也不要太担心，通往幸福的道路一定不会总是平坦的。在人生的道路上，总会有各种情绪波动，就算遭受几次挫折，那也没关系，对你而言，反而会是更有效的历练。"

我记性真好，居然能把老师说的这番话全部记下来。哈哈，瞬间又恢复自信了。其实，我只是一时迷茫，才会如此消沉，我相信自己一定能走出情绪的泥潭，恢复健康的心理状态，交出令人满意的答卷。

为什么不是"常胜将军"

今天返校，去学校拿期末考试成绩单。谁知老师刚发完成绩单，桐桐就在那呜呜咽咽地抽泣，因为他这次没考好。大家都安慰他不要难过，但他还是闷闷不乐。

说来也奇怪，桐桐平时成绩都不错，即使不是第一，也总能名列前茅，可是一遇到期中考试、期末考试这些大型考试他就会发挥失常，没法成为"常胜将军"，不知道是怎么回事。

老师也安慰他要坚强，不要因为一次的失败而气馁，并说他有一定程度的"考试焦虑症"，平时状态挺好的，可是一到大型考试，老师监考的时候就会发现他显得特别紧张，拿笔的手会发抖，碰到做不出的题目也会急得面红耳赤。其实，并非桐桐一人如此，其他同学身上也会出现类似现象。

老师建议桐桐一定要正确对待考试，只要考试前认真复习，在考场上发挥出自己的实际水平就可以了，要以一颗平常心对待考试，不要过分紧张；对自己要求不要过高，不要给自己太大压力；考试前适当放松一下，听听音乐或者想一些美好的事情，以此缓解大脑的疲劳；另外，在考试中也要掌握一定的技巧，不会做的题目先放一下，由易到难，不要在一道题上花费过多时间……

　　桐桐听了老师的话，似乎想开了点，终于破涕为笑，
返校结束后还和我们几个好朋友一起去图书馆借了书。

回头是岸

日记关键词：追星、名人崇拜

最近，班上有几个同学疯狂地崇拜一个国外的歌舞组合，叫什么名字我也记不清楚。就听到他们一有空就在教室里叽叽呱呱讨论那个组合，至于他们究竟在说什么，我基本听不懂。真没想到，同龄人之间也会有"代沟"。

今天，在上数学课的时候，他们几个由于坐得相近，不听课，反而讨论起了他们崇拜的那个组合，而且声音越来越响，到最后，惊动了老师她"老人家"。于是，一场训诫在劫难逃。

大家都知道，数学老师是一名全才，口才尤其了得，一旦她开口教育我们，就会像连珠炮一般喋喋不休。这下好了，全班同学都陪他们几个进入了"洗脑"模式。

"名人崇拜并不是不可以，但崇拜明星要适可而止，你们现在是学生，就应该跟我好好学数学，怎么就不崇拜数学家呢？嗯？"

"追星本身并没有错，但你们影响我上课就是你们的错了！"

"你们要知道，明星也并不是神，他们在生活中可能是个有问题的人，你们不要盲目崇拜啊！同学们，回头是岸啊！"

"学习明星，要学他们为事业而努力奋斗的精神，可是看看你们，连认真听课都做不到，还怎么奋斗？嗯？"

　　············

　　这些就是"洗脑"过程中的部分语录，其实我这大概只是截取了其中的十分之一。数学课的进度自然也因"洗脑"而被耽误了，于是老师决定中午给我们补课。晕，大家一下子都对那几个追星的同学没了好脸色。

　　唉，你们要追星就自己追吧，还追到课堂上来！这下好了，我们都成"替罪羊"了。数学老师果然厉害，她这一招可算是"杀一儆百"了。

胖子也会营养不良

米云东同学由于体型肥胖，大家都喜欢昵称他为"胖子"。胖子最近却遭遇了一件烦心事，上周学校组织体检，他被医生诊断为营养不良。

起初，大家都不敢置信，他那么胖怎么还会营养不良？这岂不是天大的笑话？可是医生确定说他就是营养不良，原因可能是他有偏食、挑食的习惯。胖子也承认，他平时确实比较挑食，几乎不怎么吃蔬菜，只爱肉类，尤其喜欢吃麦当劳、肯德基之类的快餐。

医生建议他今后不能再偏食，一定要学会合理膳食，改善目前的饮食习惯。胖子一开始有点似懂非懂，不明白什么叫"合理膳食"（其实我们很多围观的同学也并不太懂）。医生看我们懵懵懂懂的样子，就拿出了一张"膳食宝塔"图，上面对每天摄入各类食物的比重提出了合理建议。

这时，有同学尖叫："原来是这个，我们家有这个图的冰箱贴！"被他这么一叫，我也想起来了，很多年前居委会确实也给我们发过这张冰箱贴，只不过我从来没把它放在心上。医生还在现场为大家讲解了关于合理膳食的一些基本原则和建议，让我们受益匪浅。

　　经医生这么一点拨，大家都明白了合理膳食的重要性，也懂得了胖子的营养不良的确是他偏爱不健康的食品所造成的。可见，凡事都有例外，看起来强壮，也并不真健康啊！

"神偷"也不神

日记关键词：偷窃、行为习惯、道德品质

今天上政治课的时候，老师给我们讲了一个"神偷"的故事，这是一个真实的故事，就发生在我们学校的初三年级。

有一名同学中午闲来无事，经常去学校附近的一家超市闲逛。有一次，他发现店里没什么顾客，营业员也都聚在一个角落聊天，就顺手牵羊，拿了一盒他很喜欢吃的进口巧克力，没有结账，直接出门了。

他觉得这个时间去超市"拿"东西很方便，就隔三差五地去。一开始店员并没有发现，他每次都能成功偷回来一些东西，还自诩为"神偷"，可是后来他去多了，人家觉得他总是闲逛不买东西，显得有点奇怪，就开始"关注"他了。

一天，就在他刚下完手，准备出超市的时候，几个店员走了过来，要他把偷的东西交出来。他不知道店里其实早就安装了摄像头，他的一举一动已经被店员们查了个水落石出。后来，他父母被要求赔偿了超市1000元，才算了结此事。

听老师讲完故事，大家唏嘘不已，有同学说看来"神偷"也并不"神"啊，最后还是被逮住了。是啊，若要人不知，除非己莫为！偷窃是一种道德败坏的不良行为，这不仅会使别人遭受财产的损失，而且偷窃者自己也会受到内心的折磨，真是害人害己。所以说，我们面对各种诱惑，还是应该不为所动，不要因为贪图小利而走向犯罪的深渊。

　　"小时偷针，大时偷金"，老师说希望我们能从这个事例中吸取教训，不要放纵自己小偷小摸的习惯。现实生活中，有很多盗窃犯、抢劫犯，在青少年时期往往都有偷东西的经历。青少年偷窃的原因可能是多种多样的，有人可能是由于生活贫困，也有人是为了追求偷东西成功后的快感，还有的可能是受人诱惑、唆使，但无论出于什么原因，偷窃这一行为都是可耻的，我们要加强道德品质的修养，千万不能沾染上这种恶习。

萌萌

韵儿

月月

青雄

妈妈

陈老师

人物介绍

萌萌

日记主人，H中学初中生，圆脸，长得很可爱，爱好文学、旅行、美食等，性格活泼开朗，学习成绩优良，但有偏科现象。

韵儿

萌萌的女同学，戴眼镜，性格文静，做事稳重，但性格比较内向、腼腆。

月月

萌萌的女同学，外形清瘦，叛逆心理较强，为人豪爽、大方。

青雄

萌萌的男同学，帅气、阳光，性格乐观、开朗。

妈妈

身材微胖，有点啰嗦，对萌萌的关心无微不至。

陈老师

萌萌的班主任，四十多岁，长得很和善，对学生循循善诱，有丰富的教学经验。

第一篇　跃动的青春

青春，如一首跃动的诗，充满了各种变化，尤其是生理上的一些变化，更是我们从未经历过的。

在经历这些变化的过程中，我们有过迷惘，也充满了好奇。而最为可贵的是，这些变化见证了我们的成长，使我们意识到自己正在长大，逐渐走向成熟。

青春，亦如一座神秘的花园，充满了未知，等待我们前去探索。在探索中，我们有过各种期待和不解，但当谜团最终被解开的时候，又感到收获了很多。

让我们和着青春的节拍和韵律，在时光中不断前行吧！

青春正当时

日记关键词：青春期、性发育、第一性征、第二性征

黑板："青春娇艳——谈谈青春期性发育"

　　今天是开学第二天，学校组织了一次不同寻常的主题活动，请来一位生殖健康专家，为我们举办了一场题为"青春娇艳——谈谈青春期性发育"的讲座。

　　专家的讲解十分生动，丝毫不令人感觉枯燥。她还带来了一些人体模型，为我们更直观地揭示了青春期的生理变化。当然，她讲解的内容既包括女性，也包括男性。使我们在进一步了解自己的同时，对异性也加深了认识。

专家告诉我们，进入青春期，人体犹如获得了一种神奇的力量，迅速发生变化。青春期性发育包括性腺、生殖器官、第二性征的发育和性功能的具备。男性和女性在生殖器官结构方面的差异是各自性别最根本的标志，称为"第一性征"，可显示两性差异的生殖器以外的男女身体的外形区别，称为"第二性征"。第一性征在出生时就基本完备了，然而第二性征却要在进入青春期以后才出现。

乳房的发育、身高的迅速增长、月经的来潮、阴毛和腋毛的生长等，都是女性第二性征发育的表现。

专家现场给我们具体讲解了很多第二性征发育的生理常识，我全都认真记录在笔记本上了。我们以前可能会对这方面的知识避而不谈，甚至感到害羞，但今天听了这位专家的讲解，我才充分意识到自己以前的这些想法是多么幼稚、可笑。这些生理常识关系到我们的成长与健康，都是我们必须了解和掌握的，我们又怎么能对自己身体的变化视而不见呢？

青春正当时，成长，就从了解自己身体的变化开始吧。

跌跌撞撞，不是我们的错

日记关键词：身体发育、身高增长

今天中午，月月向我们诉说了她的一段"新愁"：走路时经常会莫名其妙地绊倒在阶梯上，还会撞到一些人和东西，好像胳膊和腿都不听使唤一样，家里人总说她是冒失鬼。其实她自己也不知道怎么回事，真是冤枉！

经她这么一说，我们发现自己现在或过去多少也会存在这种现象，其实走路跌跌撞撞、磕磕碰碰还真不是我们不注意、不留神，有时候明明是意识到了这个问题，但腿脚似乎已经不受大脑控制，还是会摔、会绊。这究竟是怎么回事呢？

班主任陈老师正好走进教室，见我们讨论得热烈，就问我们在说什么，于是我们就把自己的困惑告诉了她。

陈老师听完，笑着安慰我们完全不用担心，并告诉我们：青春期女孩的身体发育非常快，身高会明显增长，达到增长顶峰后骨骼愈合，逐渐停止增长。老师还让我们和家长耐心沟通：走路容易摔跤、磕碰不是我们行为冒失，完全是因为我们长得太快，一下子不能适应的缘故。

跌跌撞撞，真的不是我们的错！

挺起你的胸膛来

日记关键词：乳房、女性成熟、乳房保健

最近，韵儿走路的时候总是弯着背、含着胸，一改往日清瘦、挺拔的形象。我们不明原因，又不好意思问她，怕她生气，所以憋了好几天。最后，还是性格豪爽的月月忍不住开了口。一问才得知，原来韵儿是觉得自己的乳房突然变大，一下子有点接受不了，感到不自在，走路时也就自然而然地低头含胸了。

面对她的烦恼，我们只能劝她不要害羞，开导她说这是很正常的生理现象，我还拿出了一本青春期性教育的读本向她解释：青春期乳房的发育标志着少女开始成熟，隆起的乳房体现了女性成熟的曲线美和健康美。平时，我们要注意乳房的保护与保健。做到不穿紧身内衣、佩戴合适的胸罩、保持乳房卫生、合理科学饮食、坚持科学锻炼、定期体格检查、坚持挺胸抬头等。在念到"挺胸抬头"这几个字时，我还故意拉长了语调、加重了语气，以引起她的注意。

韵儿倒是挺认真地听我念完了那么多，可是一边的月月却不耐烦起来，批评我说："你别那么道貌岸然好不好？

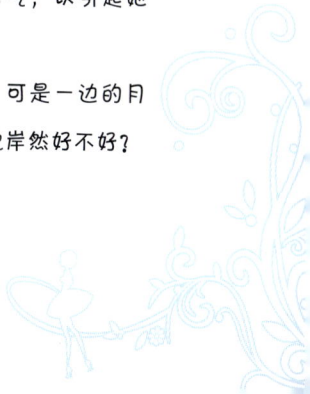

直接跟韵儿说人家都以大胸为美不就完了？很多人还都去隆胸呢！韵儿，你那么害羞干什么呀？难道你真想变成平胸？含胸走路多难看啊，挺起你的胸膛来吧！"

好家伙，真不愧是女汉子，够直率！我真是自叹弗如。不过，相信通过我们这么双管齐下地"洗脑"，韵儿一定会听从我们的建议吧！

9月13日 小雨

新认识的"好朋友"

日记关键词：白带、阴道、阴道杆菌、宫颈、子宫

最近，我发现自己的小内裤上经常会出现一种乳白色的液体，还有黏黏的感觉。我暗自猜测，这难道就是老师在生理卫生课上提到的"白带"？

今天，我带着这个问题去学校的医务室向卫生老师咨询。一开始，我还有点害羞，后来在老师的耐心引导下，终于仔细向老师说明了情况。

老师确认这就是白带，并告诉我：白带是从阴道内流出的一种乳白色或透明的液体，量有时略多，有时较少，有一定的规律性。女孩子如果在内裤上发现白带，那就表明，大约半年后就会来第一次月经，要做好充分的思想准备了。白带能保持阴道湿润、防止干燥，杀死外来的病原体，保护女性的生殖道不受病原体的侵犯。它是保护我们女性生殖健康的好朋友！

听完老师这一番话，我对白带这位最近认识的"新朋友"产生了兴趣，放学回家后，又在网上查阅了相关知识，了解到阴道杆菌是阴道的卫士，它们需要生长在湿润的环境里，宫颈和阴道分泌的白带，正好提供了这样的环境，可以

有效保护生殖道不受致病菌的侵犯。白带是女性生殖道不可或缺之物，保卫着子宫的大门。

看来，无论什么事情，当它们和我们自身息息相关时，才更容易引发我们进行深入探索的兴趣啊！

生命中的"第一次"

日记关键词：月经初潮 卫生巾 阴道 卵巢功能

　　春天，总是容易犯困。早上，懒懒的，不想起床。后来在妈妈的一再催促下，我才硬着头皮起来了，但还是觉得没有精神，浑身乏力。

　　按照惯例，先去卫生间。可谁知，这一去却发生了惊人的一幕：内裤上红了一片，是血！我不由大叫了一声"啊"！妈妈听到声音，过来问我干嘛一大早就大呼小叫的，我就让她进来，告诉了她原因。

　　妈妈一看就明白了，告诉我这是来了"大姨妈"，并给我拿来了卫生巾和干净的内裤，让我把脏了的内裤换下，垫上卫生巾。然后，叮嘱我别大惊小怪的，动作快点，否则上学要迟到了。

　　以前上生理卫生课的时候也听老师介绍过月经，知道女孩多数在12~15岁之间会出现第一次生理性阴道出血，也就是月经初潮。月经初潮是青春期发育的重大事件，是女性发育的一个明显标志。初潮时，卵巢功能还没有完全成熟，所以初潮后的月经间隔时间可能不规则，这是正常的生理现象，不必担心。不过，这毕竟是我人生中的"第一

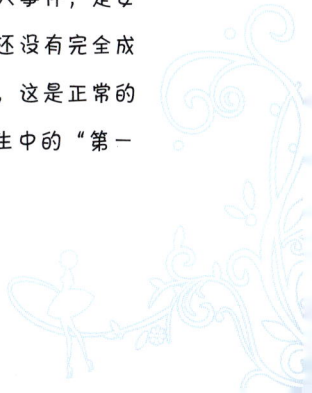

次"，难免还是会有点紧张。坐着上课，几乎一动也不敢动，课间也总是急着去卫生间换卫生巾，生怕经血会侧漏。一整天下来，精神始终处于一种紧张状态，大脑紧绷着一根弦，生怕会有闪失。

回家后，妈妈见我还是紧张兮兮的，就让我放松神经，别老想着"大姨妈" ，外婆也在旁边"以身说法"，安慰我没事的，大家都是过来人。紧张了一天的神经，终于在家人的关心和安慰下，得到了些许放松。

今天，我经历了生命中的"第一次"，这是我成长轨迹中的重要一刻，因此特地写下来纪念一下。

10月13日 小雨

破解孕育生命的秘密

日记关键词：卵巢、输卵管、精子、卵子、受精、子宫

语文老师说我声音宽厚，音色也不错，推荐我加入了学校广播台，每周三的中午都有播音任务。这个星期是向同学们介绍一篇科普文章——《精子和卵子结合的秘密》。

虽然我大致上知道精子和卵子结合就是受精的过程，但由于以前上课并没有很认真地听讲，所以对中间的过程了解得并不十分清楚。通过这次播音，倒使我又一次重温了以前学过的知识，记忆更加深刻了。下面就摘抄文中的一段，让自己牢记这样一段孕育生命的历程，省得老被人嘲笑没文化、没常识喽！

输卵管虽然只有10～12厘米长，一个卵子却要花上一周时间才能走完这段距离，到达子宫。一般在卵子释放的同时，子宫内膜开始增厚。卵子沿输卵管运行途中如果遇到一个精子，精子和卵子在输卵管结合，就有受精的可能。受精是指卵子和精子结合在一起，并开始分裂出更多的细胞。这组细胞沿输卵管进入子宫。如果它吸附在子宫壁上，就会成长为一个很小的胎儿，胎儿在子宫内发育，10个月后，便可经阴道分娩出一个宝宝。

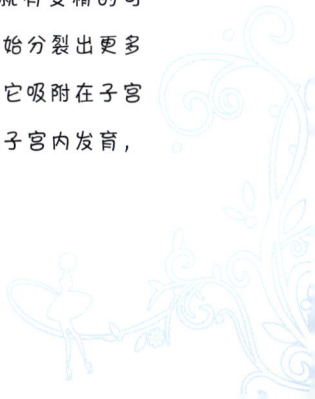

这篇文章讲得很清楚，感觉比老师说得更好，因为一看就懂。难得的是，旁边还有一组形象的插图，这就更能使我一目了然。好了，这回我总算是破解了精子和卵子结合的秘密，想来是终生难忘了。

5月27日　多云

成长中的疼痛

日记关键词：乳房胀痛、雌激素、乳腺增生

这几天，我总是感到"咪咪"胀胀的，还有点痛，有时候上课也觉得痛，都没有办法集中精力听课了。

于是，我把自己的烦恼告诉了妈妈。妈妈听了很着急，也弄不清原因，就坚持要带我去医院看医生。我从小就害怕去医院，可是妈妈非要我去，还吓唬我说万一有什么问题不及时去看，今后可就麻烦了。我只得硬着头皮跟她进了妇幼保健院。

医生了解完情况，笑着问我："这个月'大姨妈'来了没有？"

"还没有呢，不过应该马上要来了。"妈妈抢着帮我回答。

医生让我给她看了看乳房，并摸了摸，说："没事，这是月经来潮前的乳房胀痛，等月经一来，就会好的。"

"可是为什么会胀痛呢？我记得我小时候就没觉得痛啊！"妈妈喜欢刨根问底。

还好我们碰到了一个态度和蔼的医生，她耐心解释道："不是每个人都会痛的。感到痛是由于经前体内雌激素水平增高、乳腺增生、乳房间组织水肿引起的，月经来潮后，这些变化一般就会消失。所以，不必过分担心。如果到时候还不见好，就再来看吧。"

听医生这么说，妈妈终于如释重负，我也安心了，高高兴兴回家去了。我心里默默祈祷：希望等"大姨妈"来了，就真的不会痛了。

11月9日 晴转多云

做一只干净的"美羊羊"

日记关键词：外阴、外阴卫生

韵儿有一项特殊的爱好，就是超级爱看动画片《喜羊羊与灰太狼》，尤其喜欢其中的美羊羊这个角色，还说她自己就是"美羊羊"，只要印有美羊羊卡通图案的物品，她都想据为己有。

今天，"美羊羊"在课间和我聊天的时候，向我诉说了她的烦恼：下面经常会觉得痒痒的，有时候在公共场所又不能随手去挠痒，真是相当痛苦。

哎呀，难怪她这几天总是愁眉苦脸的，"美羊羊"一时间花容失色，原来是有苦衷的啊！

不过，她的烦恼我也曾经遭遇过，其实解决的办法非常简单，用专业一点的话来说就是要注意外阴卫生。作为身体的"私处"，外阴部的卫生有时候会被忽略，但这里的卫生其实是非常重要的，我们一定要重视起来。

我把自己所知道的关于外阴卫生的一些常识一股脑儿地告诉了韵儿：平时要坚持穿棉质内裤，每天换洗，在阳光下晒干后再穿；每天用清水清洁外阴，并保持外阴干燥；便后擦拭自前向后，避免污染外阴。只要保持外阴清洁，相信瘙痒的烦恼自然就会消失了。

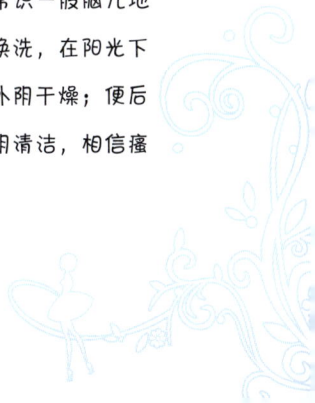

~85~

韵儿听完，夸我记性真好，我笑着对她说："是不是对我佩服得五体投地呀？"

　　"美得你！其实，我可能只是内裤的布料有问题。"韵儿似乎找到了根源。

　　"嗯，不管怎么说，你还是要努力做一只干净的'美羊羊'啊！"我彰显出了做老师的潜质。

联欢会上的小·意外

　　马上就要迎来新的一年。今天，我们班举办了一场迎新主题班会。然而，在联欢会进行的过程中，却发生了一点小小的意外。

　　原定四个主持人，两男两女，女主持由我和文艺委员莹莹担任。一开始，大家兴致都很高，主持人也都发挥得很好，可是就在节目进行到大约一半时，莹莹突然脸色发白、浑身冒汗，身体很不舒服的样子。等她勉强报完幕，我们几个主持人和老师都围着她问怎么了，她说自己肚子痛，恐怕无法坚持了。

　　老师赶紧找来几个女生将她送往学校医务室，联欢会继续进行，而莹莹后面的主持任务也落到了我的身上。联欢会结束后，我从老师那得知莹莹原来是因为痛经才会感到不舒服，已经回家休息去了，没什么大碍。

　　虽然我自从来"大姨妈"以后没有出现过痛经的情况，但以前从各种渠道都听说过关于痛经的一些事：痛经是指在行经前或月经期出现下腹部的疼痛、坠胀，伴有腰酸或其他不适的感觉。痛经分为以下两种：原发性痛经与月经期子宫内膜释放的前列腺素有关，生殖器官并没有什么病变；继发性痛经常常因为盆腔的一些疾病，如子宫内膜异位症、盆腔炎或宫颈狭窄等引起。如果痛经影响到学习和生活，一定要及时就医，趁早远离烦恼！

突然发现我们女孩子在成长过程中遇到的麻烦事还真不少呢。

1月29日　多云

粉碎避孕谣言

日记关键词：避孕、避孕的谣言

放寒假了，比上学时轻松多了。每天除了做一些常规的作业外，基本就是吃喝玩乐，或者和同学聚会，日子过得十分逍遥。

今天难得在家，也就是刷刷微博、微信，打打小游戏、看看电视，很惬意。在刷微信 的时候，突然有一条关于青少年避孕的帖子抓住了我的眼球。上面列举了很多关于避孕的谣言和误区，并用十分形象的漫画表现出来，对我很有启发，也为我在避孕这块知识上扫了盲。

看完这条微信，我亲自动手做了一张表格，就是关于那些避孕的谣言和辟谣的说法。我正愁开学后生理卫生课上没有演讲内容呢，这下好了，得来全不费功夫！

关于避孕的谣言	粉碎谣言
"第一次"不会怀孕	不要心存侥幸，如果处于排卵期，很有可能怀孕
做完爱后跳跳，就不会怀孕	每一个精子都会游动，并不是可以随意抖掉的"渣渣"
做爱后冲个热水澡可以防止怀孕	水温足够高也许可以消灭精子，但同时你也被烫伤了
做爱后小便就不会怀孕	女性尿液通过尿道口排出，所以无法排出阴道内的精子
只要都不脱内裤，就不会怀孕	精子具有强大的生命力，在体外可以存活4小时，精液可以轻易透过内裤
经期做爱，就不会怀孕	年轻女性的月经周期往往难以预测，不大规律，没有绝对的"安全"日期
体外射精就不会怀孕	体外射精并不是100%有效的避孕方法

以前总觉得避孕和自己没什么关系，也不怎么关注，但其实现在关于中学生未婚先孕的事例实在太多了，虽然我能保证自己不偷吃"禁果"，但也可以找合适的机会提醒一下身边的同学。关心同学的健康，也是我应该做的。

第二篇 孤独的青春

青春无处不孤独。尽管身边有父母、同学和老师的陪伴，但他们却未必真正理解你的内心。

青春，总是对时光、对美、对痛楚保持着一颗敏感的心。容易兴奋，也容易受伤。

青春，就犹如春天里的一颗白玉兰树，虽然盛放的时间并不算长，但依然美好。我们要及时把握花树灿烂的时刻，不辜负美好的光阴，尽快走出孤独的境地，迎着阳光，健康成长。

让我们一起回味青春的心情，共同驱散青春的寂寞和孤独吧！

"辜负"了圣诞夜

日记关键词：叛逆、青少年心理

今天正好是周末，即将迎来平安夜，我和同学们都很兴奋，在微信里互发节日祝福。我也不知道为什么，大家对圣诞节总是这么情有独钟。天公作美，外面下起了小雪，❋真是"好雪知时节，当冬乃发生"啊！

一想到晚上要和几个要好的同学相约去KTV唱歌，欢度圣诞，我就兴奋不已。可是，当我把自己的计划告诉妈妈后，她却极力反对。她说晚上出去很危险，外面还下着雪，不如在家待着；还说圣诞节是西方人的节日，和我们根本没什么关系，马上要期末考试了，别找理由乱疯。

我听后十分生气，一年就过一次节，她还要横加阻挠，天天除了学习还是学习，还让不让人好好活了。心情瞬间变得好差，就开始粗声粗气地跟她讲话，还说今天非去不可。

妈妈见我态度不好，也非常生气，对我更加严厉，无论如何也不允许我出门。我没有办法，只能怒气冲冲地回到自己房间，重重地关上门，再也不和妈妈说话。正巧今天家里只有我们俩，没有人来调解，所以直到现在，我们依然处于"冷战"状态。

我越想越伤心，不觉流下了眼泪。美好的圣诞夜，就这样灰飞烟灭了。都说我们青少年有很强的逆反心理，容易叛逆、走极端，可是亲爱的爸爸妈妈们，你们在和我们沟通的时候，是不是也应当注意一下方式方法呢？

捐衣"悟"语

天气逐渐转凉，听说外地很多地方气温早已跌破了10度，已是北风呼啸的季节，甚至还有些地方下起了雪。

学校团委组织我们每个班级为贫困地区的朋友们捐赠冬衣，成人或儿童的衣服都行，家里有比较厚的冬衣都可以拿到学校，到时候由学校统一寄给对口支援地区。

今天吃完晚饭，我赶紧把这事告诉了妈妈和外婆，没想到她们比我还积极，马上各自翻箱倒柜地开始找厚衣服，不仅找我的，还找她们自己的，有些看上去还很新呢。最后，她们帮我打包了两大包，让我明天赶紧带到学校去。

我真没想到，捐衣服的事情能在我们家引起这么轰动的效应，平时我要去参加个什么活动、聚会之类的，也没见妈妈和外婆有多支持我嘛！我问她们这是怎么了，外婆说那些山区的人冬天没有厚衣服穿，实在可怜，能捐就多捐点。妈妈朝我瞪了一眼："你们老师没教育你们要有社会责任感吗？"

哇，妈妈在我眼中的形象瞬间高大了百倍，没想到她觉悟那么高！我说："社会责任感的教育我确实接受过，但这次捐衣服老师主要是发动我们献上一片爱心，给贫困地区的人民送上一份温暖，没怎么提社会责任感。"

"对啊，人要有爱心，不仅要爱自己，更要爱别人，给他人送上一份温暖，他们就不会感到孤独，就会感到生活是有希望的。除了爱心，这也是体现我们社会责任感的一种表现，你说呢？"妈妈难得语重心长。我点了点头。

这时，电视里正好在放一则公益广告：深夜，妻子阻拦丈夫去关阳台上的灯，因为楼下有几位环卫工人正借着灯光在吃东西。从他们的笑脸上，让人感受到了爱的力量。有人说：大爱无声，生活中的每一缕阳光，每一丝清风，我们的每一个细小的动作，都在无声地传递着爱与关怀。连我这样衣食无忧的人都时常感到内心孤独，如果没有感受到来自他人的爱，那些物质条件很差的同学是不是更会感到孤独甚至绝望呢？

我应该以妈妈和外婆为榜样，给予他人更多的爱与温暖，增强自己的社会责任感，又怎么能对她们表现出来的热情感到奇怪呢？面壁思过中……

11月30日 晴转多云

一诺千金

日记关键词：守信、道德修养、传统美德

　　今天下午的班会课举办了一场辩论赛，虽然一切顺利，但之前却发生了一段令人不快的小插曲。

　　老师让月月负责主持这场辩论赛，之前的一切事务也都由她负责落实。原来我答应了月月中午帮她一起调试投影仪的，因为她之前没有用过这台设备而我用过。可是，后来班里的另一位同学小红告诉我说图书馆新来了一批小说，很好看，约我今天中午一起去看。

　　我听说有新小说看，就把调试投影仪的事抛到了九霄云外，赶紧吃完饭就跟着小红一起去了图书馆。果然最里面的一排柜子上陈列着一批最新、最当红的小说，平时一直没机会看，这下终于能如愿了。于是，我就拿了一本小说，找位子坐下来，全神贯注地看着……

　　直到上课预备铃声响起，我走在回教室的路上，才想起答应了月月调试投影仪的事。可是班会马上就要开始，我现在回去帮忙调试肯定是来不及了，不知道她有没有搞定。

当我回到教室，看到PPT背景已经亮起，悬着的一颗心总算放下了。辩论会顺利进行，大家也都夸月月主持得很好。可是，班会结束后，我主动和月月说话，她却没有搭理我。我也只能垂头丧气地离开了，直到放学回家，我们都没有说话。

回家后，我虽然知道自己确实不对，但又觉得月月为这点小事生气实在没必要，一下子也分辨不出是非对错了，只觉得头脑发胀。这时，我打开电视，想看会儿电视解解闷，正好跳出一则广告，在讲季布"一诺千金"的故事：楚国人季布在楚汉战争中做过项羽的大将，后来归顺西汉高祖刘邦，担任河东太守，一生特别讲信用，只要答应办的事情就一定办到，从没有失信于人，重守诺言，因此人们常说：得黄金百斤，不如得季布一诺。

是啊，明明是我失信于月月在先，她心里不高兴才会不理睬我，我怎么能反而责怪她太过计较呢？老师也从小教育我们要诚实守信，要注重道德修养，我又怎么能把这样的传统美德抛诸脑后呢？嗯，明天一到学校就向月月赔礼道歉去！

宽以待人

日记关键词：宽容、处女座、友情

白天课间，我遭到了一群同学的"围攻"。

一开始，我们只是在闲聊，也不知谁把话题转到了星座上去。大家说着说着又开始集体"黑"处女座，说处女座喜欢吹毛求疵、难以相处、多愁善感、有强迫症等等。我实在听不下去了，就冲他们嚷嚷："我就是处女座！"

没想到他们非但没有收敛，反而越说越凶，直接将矛头指向了我。说我平时总喜欢斤斤计较、得理不让人，人家只要有点小小的不是，就会一直盯着不放，还举了很多过去的事例。虽然他们都是以开玩笑的口气说的，但说者无心听者有意，我越听越生气，正想和他们争辩，上课铃响了。

　　一整天下来，我都闷闷不乐的。晚上回家，外婆见我心情不好，就来问我情况。我把自己的烦恼告诉了她。外婆开导我说："你会生气就说明同学们说的这些缺点你确实是存在的，你看看人家说了几句话你就受不了，不就是斤斤计较的表现吗？对自己严格要求是没错，但对别人还是要宽容一点，不要过于吹毛求疵了，毕竟大家的性格和处事方式都不可能完全一致呀！"我听外婆说得很有道理，就默不作声了，然后回自己房间去反思。其实自己平时好像是对别人过于苛刻了，一定要人家做到符合自己心目中尽善尽美的标准，确实是很不现实的，这可能还会伤害同学之间的友情。看来，我离"严于律己，宽以待人"的校训还有很大的差距呢！

　　雨果说：退一步，海阔天空。今后，我一定要学会宽容。加油！

友谊地久天长

　　每天中午，我都和韵儿、月月、青雄一起吃饭，大家通常都是有说有笑的，几乎无话不谈。可是，今天青雄却显得有点怪异，不声不响的，心情很不好的样子，与往日判若两人。

　　我们问他这是怎么了，一开始他还不愿意说，可是后来实在招架不住我们的"胡搅蛮缠"，终于透露了事情的真相。

　　原来他是和同桌翔子发生了矛盾。上午上数学课的时候，老师让我们做一张测试卷。青雄在做题目的时候，突然发现身边的翔子正在偷偷地翻看以前的练习册，因为上面有类似的题目。青雄提醒他不要作弊，可翔子不听，依然我行我素。青雄见翔子对自己完全不理不睬，也很生气，正巧此时老师在他身边走过，他就小声告诉老师翔子在作弊。

　　老师没有声张，只是把翔子的练习册收走了。但翔子心中有气，就重重地踩了青雄一脚，下课后还对青雄说没有他这样的朋友，要和他绝交，"友尽"了！青雄感到十分困惑：究竟什么才是真正的友谊？难道是发现朋友有不诚实的作弊行为也要帮他隐瞒吗？

　　我们听完了青雄的陈述，都开导青雄说错在翔子，相信老师之后一定会找翔子谈话的。翔子平时人挺好，今天可能只是有点急于求成，大脑有点"短路"，等他明白过来后，一定会和青雄和好如初的。再说，人际交往中遇到点小麻烦也是难免的。

　　经过我们的开导，青雄心情终于由阴转晴，自信地说了句："但愿我们大家的友谊地久天长！"哇，他说话时的样子好阳光、好迷人啊！❤

独在异乡为异客

日记关键词：自卑、孤独、自信心

　　这学期，我们班转来了一位新同学，她从遥远的河南安阳而来，名叫珍珍。平时，她总是显得沉默寡言，似乎与整个班级都有些格格不入，基本上不与其他同学交流。

　　班主任陈老师发现了这个问题，就召集我们几个班干部开了个会，希望我们能够尽自己的力量帮助珍珍，使她能够融入集体，与同学们和谐相处。在会上，大家献计献策，最后决定由我们几个女生平时主动接近珍珍，陪她多聊天，以诚相待，逐步打开她的心扉。

　　我们按计划行动，一开始珍珍好像对我们还有些抵触情绪，并不乐意和我们过多交谈，最多只是我们问一句她答一句。但我们还是坚持每天主动接近她、帮助他。随着时间的推移，她似乎也能逐渐接受我们了，并向我们倾吐了自己的心声：原来她是由于刚来上海不久，并不太习惯这里的生活，也没有什么熟识的朋友，感到十分孤独；而且她在老家的时候，是老师和家长的掌上明珠，学习成绩优异，可是一到这里，一切都变了，学习和生活都比较难适应，曾经的光荣和得意不复存在，她陷入了深深的自卑之中。另外，同学们说的方言她也听不大懂，这就更加深了她的痛苦。真是"独在异乡为异客"，她第一次感到了生活的迷茫。

我们听她说得好可怜，同情之心油然而生，于是就劝慰她不要太过自卑，要以积极的心态来面对这一切，既然感到身边没有朋友，就更应该主动融入到朝夕相处的同学中来，在新的环境中，找到志同道合的朋友。相信她那么聪明、努力，一定会重新找回自信的。后来，班主任陈老师也对她说："不要把自己当做客人，而要以主人翁的心态融入到集体中来！"

经过我们大家的开导，珍珍终于逐渐敞开了锁闭的心扉，每天满面笑容地来上学，和班里的同学相处得也越来越融洽了。真心祝福她能在这个班级、这个城市找到归属感！

可怜天下父母心

日记关键词：孝顺、体贴父母、感恩

　　这段时期，妈妈整个人都变了，平时不仅喜欢唠叨个没完，脾气也变得很差，稍有一句话不合她的心意，她就会火冒三丈，我暗地里常戏称她会喷"三昧真火"。

　　这两天妈妈似乎有变本加厉的趋势，除了不断叮嘱我要好好学习、多吃蔬菜水果、谨慎交友等等，连我如何穿衣搭配、看什么类型的课外书都要管。今天吃晚饭的时候，又让我吃完饭赶紧去练古筝，说是给我报了一个周六的学习班，老师很出名，一堂课只带几个学生，她好不容易托了人才争取到这个名额。

　　我刚听她说完，就不耐烦了，平时憋了那么久，今天实在忍不住爆发了："你给我报班，有没有问过我是不是愿意啊？"语气很急，态度也很差。妈妈见我这样，也是气不打一处来，开始批评我怎么可以这样对她说话，说她自己都是为我好，我怎么不知感恩，反而还对她发脾气。

　　学校的作业已经够多了，学习压力好大，我哪里还有心思学古筝？为什么她想让我学，我就一定要学呢？我心里还是很不服气，但又不敢继续和她争辩，于是就委屈地哭了起来。妈妈见我哭了，更不高兴，干脆不理我，直接出门了，餐桌旁只剩下我和外婆。

外婆给我擦干眼泪，让我赶紧吃饭，吃完饭就开始好言安慰我。她说妈妈最近脾气确实不好，那是由于她处于特殊的生理时期，有时候自己也没法控制。即使我再不想学古筝，也应该好好和她谈，不该对她发那么大脾气。天下的父母都是为自己的儿女着想的，正是所谓的"可怜天下父母心"啊！

我也确实感到自己刚才有点过分，无论如何都不应该对生我养我的妈妈那么说话的。我怎么能如此不懂得体贴父母呢？白天还在学校背诵那首"谁言寸草心，报得三春晖"，为什么一回家就忘得一干二净了？我陷入了深深的内疚和自责中……

6月2日 多云

微信风波

日记关键词：隐私、尊重、自由

今天是周末，晚饭比平时吃得早些，我也很早去洗澡了。可是，等我洗完出来，却发现妈妈正拿着我的手机堂而皇之地翻看。

面对此情此景，我心里十分生气，一把从妈妈手里夺过手机，然后大声对她说："你怎么可以随便看我的手机！这是我的隐私！"

妈妈当时正认真查看我的微信朋友圈，被我这么一吼，冷不防吓了一跳："你干嘛啊，大呼小叫的，吓死我了！我就看看你有没有结交上什么不该结交的朋友，至于这么激动吗？"

"可是，这是我的微信，你难道不知道应该尊重他人的隐私吗？你现在这么做和私拆他人信件又有什么区别？再说了，我结交什么朋友那是我的自由，你为什么要管那么多？"我还是很气愤。

"嘿，瞧你说的，我把你生出来还不能管你了？我那是对你的关心，现在骗子很多的，你难道不知道吗？"妈妈坚持认为自己没错。

"不管怎么说，你都不能借着关心我的名义偷看我的微信，干涉我交朋友的自由！"我真是又急又气，实在难以理解妈妈的做法。

　　当然，这场舌战最后还是不了了之，我不知道妈妈今后还会不会继续偷看我的朋友圈。作为子女，我可以理解家长对我的关心，但是我觉得那也应该有个度，我们中学生虽然还是未成年人，但也有自己的秘密和隐私，难道不经过我们的同意，家长就可以理直气壮地查看我们的微信、信件或者日记吗？

告别缥缈的梦

这两个星期，韵儿总是显得魂不守舍的样子。上课经常会走神，老师向她提问，她也总是不知所云，下课的时候也会独自沉思，和她说话也没有及时的反应。真奇怪，她好像和以前完全判若两人。

我也不好意思直接问她，就算问了，她也未必好意思说实话，但不知道真相我又有点不甘心，于是昨晚给她发了条微信，问她到底什么情况。

过了一会儿，她回了我，语气有点暧昧：我最近喜欢上了一个人，可是他并不知道……

晕！这不就是所谓的"单相思"吗？平时看起来文静、稳重的韵儿怎么会有这种想法？我感到十分纳闷。我继续发微信和她聊天，发现她是真的陷进去了，好像一下子还出不来呢！她说自己喜欢班上的一名男生（具体是谁我就不暴露了），只要哪天看不到他就会觉得没意思，上课也无精打采的；但只要一看到他，哪怕只是听到他的声音，也会觉得很开心。

天啊！真是当局者迷旁观者清，她的这份感情对方又不知道，这是何苦呢？这样只会让自己在虚幻的情感世界中越陷越深，又有什么意思呢？这种一厢情愿的"爱情"，就好比是沙漠中的鲜花，很快就会枯萎的，不会有持久的生命力。

出于对朋友的关心，我劝韵儿赶紧终止这场美丽的梦幻，改变不切实际的想法，正视现实，现在还是应当以学业为主。呃，在对她说这番话的时候，我瞬间感觉自己成熟了好多。

无论韵儿是否听得进去，我都希望她能早日走出情感误区，及早转移注意力，告别虚无缥缈的梦！悬崖勒马，回头是岸啊！

再美也不过是镜花水月

日记关键词：早恋、爱情与学业的矛盾

今天，我在课桌的抽屉里发现了一封信，外面是朴素的白信封，打开一看，里面却是两张印满了爱心的信纸。我一下子感觉心跳加快了，虽然没看内容，但已经猜到了几分。还好当时身边没人，否则被人发现了我的窘态可不大好。

回家后，我趁着一个人在房间做作业的时机，打开了那封信。原来是他——隔壁班的小林！果然没出我所料！平时虽然和他交往不多，只是有几次在学校搞活动时有过合作，另外就是这学期一起参加过一个英语竞赛的辅导班。我只是朦胧感到他看我的眼神有些与众不同，还比较喜欢主动和我搭讪，但我实在没有往那方面想过，可是他……

信上写满了他对我的爱意，语气十分真诚，我对他也确实有些好感，但是现在我们还只是初中生，心智还没有成熟，主要任务是学习，怎么可以奢侈地谈情说爱呢？早恋，就如同镜中花水中月，即使再美，也终究是虚幻的。好像从来都没听说，谁和谁初中谈恋爱，最后能走向婚姻的殿堂。

可是，小林那么真诚，我又怎么忍心一口回绝他呢？不过，只要一想到老师和家长极力反对的阵势以及同学们背后的指指点点，我无形中又感到了巨大的压力。算了，还是将虚幻的美梦扼杀在萌芽状态中吧，明天就去学校和他说"NO"！

第三篇 青春需自爱

青春的多变，令人迷惘；青春的诱惑，无处不在。

面对这种种的诱惑，我们能否保持清醒的头脑？在多变的岁月里，我们能否尽快走出迷途？

在前行的道路上，我们必须时刻约束自己的言行，保持纯真、乐观的心态，谱写属于我们自己的美妙乐章。

青春需要梦想，而不应随波逐流。青春需要自律，更需要自爱。

走出"烟"境

日记关键词：吸烟、世界无烟日、二手烟、三手烟

今天，是世界无烟日。学校政教处从每班随机抽取两名同学，形成一支控烟小分队，在校园的各个角落巡查，劝止任何人在校园内吸烟，让烟彻底远离我们。

我被抽中加入了控烟小分队，感到十分荣幸。吸烟的危害很大，烟雾中的尼古丁、一氧化碳、烟焦油等不仅直接损害呼吸道黏膜，被吸收入血液或溶于唾液后咽下，还会进一步加重对人体的危害，是导致肺癌、慢性阻塞性肺病、冠心病等疾病的罪魁祸首。此外，烟草燃烧的烟雾直接散发在空气里，形成二手烟；二手烟滞留在头发、皮肤、衣服、家具、墙壁、地板上的微粒和气体，形成三手烟。二手烟和三手烟的危害同样不可小觑。这些都是控烟小分队在培训时老师告诉我们的，我觉得很有必要把吸烟的各种危害告诉身边的每一个人，尤其是吸烟成瘾的人。

我们在校园里巡查了大半天，也没发现有什么人在抽烟。偶尔碰到一两位老师和食堂的师傅在教学楼旁吸烟，经过劝说，他们也都及时掐灭了烟头。因为他们都意识到吸烟不只是个人的行为，同时也会危害他人的健康并污染环境，只是一时控制不住而已。

看来今天的行动还是很成功，大家的自觉性也都很高。但愿有一天，我们能够彻底走出"烟"境，在无烟的环境中生活。

世界无烟日

6月2日 多云

快点清醒过来吧

今天是星期一，青雄一来学校就显得和往常很不一样，话很多，上课也说个不停，还被老师点名批评。下课后，更是变得奇怪，一改以前温文尔雅的模样，感觉整个人流里流气的，说话也没轻没重的，令人难以接受。

我们问他这是怎么了，他就告诉我们说是昨天和小学同学一起喝酒了，每人喝了将近十瓶啤酒，玩得很嗨。他说没想到喝酒是那么开心，特别是喝多了以后，就会觉得整个人都很兴奋，直到现在还是回味无穷。

呃，原来他是酗酒了，居然还大言不惭地告诉我们，真不知道该对他说什么好。老师经常教育我们不要酗酒，还提醒我们酗酒的危害：比如说酗酒会损害肝组织，影响肝脏的解毒功能；不能保持大脑的清醒状态，令言语、行为失常；长期酗酒会造成酒精中毒，会使青少年学生无心学习，因盲目寻求刺激而误入歧途……

青雄怎么会迷上喝酒呢？他平时是那么好学、上进的一个人，万一走上歧途岂不是太可惜了？一定是受了别人的诱惑吧。看来我们大家要一起想办法转移他的注意力，让他尽快清醒过来，继续做一名阳光、可爱的少年！

可是，我们能成功吗？

内在美更重要

日记关键词：化妆、外在美、内在美

最近，班级里兴起了一股化妆风，大家都在看一些韩国的化妆视频和化妆书，试图化出超美的靓妆。同学们经过研究，一致认为眼线是最难画的，所以打算齐心协力攻克这一难关。

然而，难关尚未攻破，目标却已败露。那天下课的时候，有几个女生围在一起化妆，还拿出手机自拍，结果被正好走进教室的班主任陈老师发现了，当场没收了化妆品和手机，还让她们写检查，检讨自己的过错。

万万没有想到，那几个人居然把我们都供了出来，这下可好，老师干脆放学后把全班女生都留下来，让我们"洗心革面"，教育我们说现在还是应当以学习为主，一心钻研化妆技术会影响学习，如果不重视文化修养，即便外在的形象再美也会显得缺乏优雅的气质，外在美只是一种表面的美，而内在美才是真正的美。形象虽然重要，但化妆不是我们现在必须做的，青少年学生还是要以自然为美，不必刻意打扮、修饰。

老师有点激动，也有点啰嗦，但我明白她的意思，就是说我们现在不必化妆，更应该关注内在美。其实，我也没想过真要天天打扮得花枝招展的，只是一时觉得好玩，学生当然还是以学业为主啦！

告别网络"灰太狼"

日记关键词：网络交友、自我保护

我在QQ上结交了一名网友，对方称自己是比我大两岁的男生，我感觉自己和他很谈得来，因为我们都喜欢旅游，爱好各地风光。我们还总是把自己旅行时拍摄的照片在网上相互传看，乐在其中。不过，他给自己起了一个与他给人印象差异很大的网名，叫做"潜行的灰太狼"。不管像不像，后来我就一直叫他"灰太狼"了。

前几天，"灰太狼"突然说想约我出来见面，大家一起出来放松一下。一开始，我有点担心，毕竟网络是虚拟的世界，总是存在不安全的因素，所以我没敢很快答应，但后来他说有一本摄影集很棒，都是各地景点风光照的集锦，要当面送给我，我就有点"蠢蠢欲动"了，最后还是答应周六在一家麦当劳碰头。

见面后，他果然没有让我失望。他是一名长得很帅的高中生，也很斯文，虽然戴着近视眼镜，但也依然遮盖不住他英挺的五官，从外形上看，可以倾倒一大片女生。他还如约给我带来了那本摄影集，和我在麦当劳里聊了很久。可是，后来他话锋突然一转，说想和我发展男女朋友

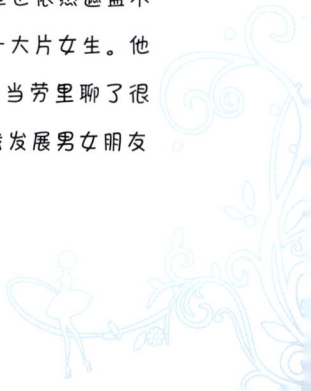

的关系。我一听,瞬间感觉脸红心跳,虽然我觉得他很棒,但是我的理性告诉我:必须拒绝!

现在我还是学生,主要任务当然是学习;何况我们都还是未成年人,谈情说爱恐怕并不合适;再说,我对眼前的"灰太狼"并不知根知底,万一真的被狼"吃"了可怎么办?一想到这些,我就觉得自己必须"快刀斩乱麻",不能再和他进一步发展下去。于是,我马上说回家还要做作业、练古筝,就急着出了店门。他似乎一下子没反应过来,等他想叫住我的时候,我早已一溜烟跑了。

看来,网络交友一定要谨慎,没点自律能力还真不行。告别网络"灰太狼",并不一定是因为他不好,而是由于我必须懂得自我保护。

春色撩人醉

今天下午上物理课的时候，我突然发现月月不见了，座位上没人，课本和文具倒都在桌上，莫非……

这时，老师也发现她座位空着，就问班长月月去哪了，班长说不知道，同学们也都说不知道。我怕老师把事情闹大，就对老师说她好像去医院看病了，早上听她说胃不舒服。老师听我这么说，也就没有追问，继续上课了。其实，月月确实和我说过她有可能下午出去，但并不是去医院，而是出去春游。她说要去一个山庄，说那里风景特别好，还可以放风筝、室外烧烤，还想让我和她一起去。我虽然有点心动，但最终还是没有与她同行。

看来，月月是自己去了。她老说最近一点也没心思上学，完全不想上课、做作业，就想出去春游，放飞心情，在这春色撩人醉的日子里，一听到老师的声音就会犯困。其实，我也有和她类似的想法，可是却没有她这么大胆。今天，我之所以帮她向老师撒谎，就是因为我太理解她的这种厌学情绪了。

但话又说回来，下次我是不会帮她了，毕竟我们作为学生，逃课总不是光彩的事。我们只有想办法消除自己的

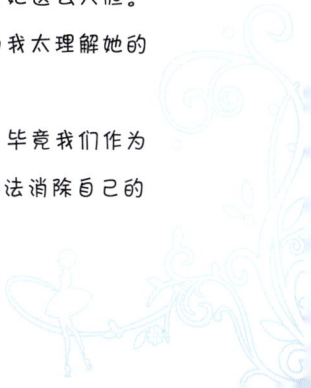

厌学情绪才是正道，而不是想方设法逃避学习。即使今天逃课成功，那么明天、后天呢？学习最终还是为了自己，我们一定要懂得为自己负责。

走出偏科的泥沼

日记关键词：偏科、基础知识、全面发展

其实，我一直不喜欢数学这门学科，虽然平时考试成绩还可以，但就是觉得做题目头疼，完全不感兴趣。除了应用题，对于其他类型的题目，我一看就会觉得头大。我感觉每次做数学都是在浪费生命，宁愿把做题的时间都花在阅读课外书上。

可是，老师却总是对我们说不能偏科，现在还是打基础的阶段，各门学科都要学好，等以后上了高中、大学就会有文理分科，可以选择不同专业，但现在还不行。

我知道他们说得可能并没错，但我就是提不起做数学题的兴致，感觉每次做题目都像是在苦海里漂流，非常痛苦。

当我把自己的想法告诉老师和家长后，他们一致教育我千万不能有这种思想，这会影响一个人的全面发展，还说其实我基础很好，数学一定能学好，不要太任性，不能光凭自己的兴趣做事。

好吧，我一定要振作起来，好好学习数学，走出偏科的泥沼，争取做一个全面发展的好学生，努力考上市重点高中。

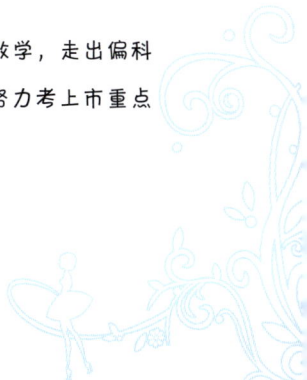

拒绝街边美食的诱惑

日记关键词：食品安全、健康饮食

学校门口经常会摆出很多小摊，主要是卖小吃的，各种油炸、烧烤的食物都有，什么鸡块、香肠、玉米、肉串之类的，五花八门。每次放学后肚子饿了，同学们都会忍不住去买这些路边摊上的食物，我也买过很多次。

可是，老师们经常教育我们不要在这些路边摊上买吃的，因为那些摊主可能没有卫生许可证，做出来的食物未必安全，吃了以后很有可能会得病，为了安全起见还是不要去吃；而且那些食物不是油炸的，就是烧烤的，热量都很高，并不健康。但每次路过的时候，那些食物散发出来的香气实在是太诱人了，肚子饿的时候还是忍不住会去买。

不过，今天有个同学中午去路边摊买了烧烤，结果下午就拉肚子了。老师说一定是那里的食物不卫生，吃坏了肚子，然后就拿他这个"典型案例"在午会课上教育我们以后千万不要再吃路边摊上卖的食物了，一定要重视食品安全，因为那关系到我们的健康与生命。

听上去确实挺可怕的，难得拉一次肚子问题倒是不大，万一食物中毒麻烦可就大了。看来以后还是要管住自己的嘴，不要去吃那些东西。也希望城管能把这些不靠谱的路边摊从我们身边彻底清除。

一次别具一格的锻炼

上周末，学校小记者营组织我们去徽杭古道采风，让我们去体验一下不同的民俗风情。我能有幸参加这项活动，当然十分高兴，因为已经很久没有出去散心了。

一路上兴高采烈，和同学们说说笑笑，没过几小时就到达了目的地。第一天采风的时候，大家都还挺精神，沿着古道行走了半天，也不觉得很累，大概是初来乍到的新鲜感暂时掩盖了身体的疲劳吧。

第二天上午继续行走，走到一半，大家明显感到有些体力不支，有些地方有坡度，就越发感觉路难行了。然而，带队的老师却比我们精神，他丝毫没觉得累，还说是由于我们平时缺乏锻炼才导致体力不支的。

好不容易走完了这一段古道，累得我们上气不接下气的，终于能够吃午饭了。饭桌上，老师又开始教育我们了，他说："生命在于运动。体育锻炼是促进身体发育、增强体质最重要的因素之一。体育锻炼能促进体内的新陈代谢，对运动系统的发育有显著促进作用，还可以加速血液循环，使全身各组织获得丰富的血液供应，得到更多的营养物质。经常参加锻炼的青少年，平均身高和体格健壮度往往超过那些不锻炼或很少锻炼的同龄人。坚持适当的体育锻炼，才会拥有更健康、健美的身材，也能使大脑更清醒，提高学习效率。"

好吧，我承认我们平时确实很少锻炼。但问题是，平时作业那么多，哪里还有时间去锻炼呢？！但无论如何，这次别具一格的锻炼还是给我留下了深刻的印象，让我认识到了锻炼身体的重要性。我想，我以后一定会在繁忙的学习生活中抽出时间，积极参加锻炼的。

简单粗暴，并不能解决问题

日记关键词：校园暴力、心理健康教育

今天上政治课的时候，老师给我们看了一段视频，内容是云南某中学11名男生课间休息时，将1名女生约到校外，对其进行殴打，并用手机录下了整个过程。画面惨不忍睹，那女生实在是太可怜了！

看完视频，老师让我们分小组讨论：关于校园暴力事件发生的原因以及如何杜绝暴力的方法。

同学们各抒己见，罗列了校园暴力事件发生的很多原因，比如受到暴力网络游戏、暴力电影、暴力漫画的影响；平时缺乏关爱、情感缺失，想通过暴力手段证明自己；自私、好占上风，初生牛犊不怕虎，平时任性惯了，天不怕地不怕，不懂法不守法，等等。

至于杜绝暴力的方法，同学们则一致认为大家首先应从自己做起，不要任性而为，不参加暴力行动，发现暴力行为及时制止；另外家庭和学校也应当对学生加强心理健康教育，不要让他们的内心充满阴霾、不见阳光。

老师说我们今天的表现都很棒，讨论很有成效，希望我们能够说到做到，严于律己，以自己的实际行动杜绝校园暴力。当然，暴力不仅包括武力，语言暴力、冷暴力也属于暴力行为，大家也千万别不当回事。

是啊，简单粗暴，并不能解决任何问题！

12月30日 多云

我也会怯场

日记关键词：考试焦虑、心理品质

我发现自己最近学习压力似乎越来越大，无论参加什么样的考试，都会感到莫名的紧张，有时候甚至会感到头痛、心跳加速，脑子里乱糟糟一团。一旦碰到不会做的题，更是感到无比紧张，根本无法平心静气地答题。这种状态直接导致了我考试成绩的不稳定，经常忽上忽下，我因此深感苦恼。虽然参加其他一些比赛和活动我都不会怯场，可为什么偏偏在考场上会这么紧张呢？

班主任陈老师说我是由于心理压力太大造成的，可能是我过于追求完美，希望自己每次考试都能名列前茅，遇到挫折时心理承受能力又不够强，因此就会焦虑。是的，我确实存在这样的问题。可是，究竟怎么做才能消除考试焦虑的情绪呢？

陈老师给了我几条建议：第一，考试前做好充分准备，制定良好的学习计划，认真复习，做到心中有底，这样就不至于临场慌乱；第二，考试前给自己一些积极的心理暗示，告诉自己一切都准备好了，让心态平和下来，有利于考试的发挥；第三，注意劳逸结合，让身心得到放松，考前适度娱乐，缓解大脑疲劳，提高记忆力；第四，遇到不会做的题也不必过于烦恼，对自己说"不要紧张"，等情绪平稳后，继续考试。

老师的建议听上去很合理，我想我会试着照她的话努力调整心态，磨练自己的心理品质，争取在今后的考试中不再怯场。

鸭梨山大